痛みの〈東北〉論

記憶が歴史に変わるとき

山内明美

青土社

痛みの〈東北〉論

目次

痛みの〈東北〉論　記憶が歴史に変わるとき

凡例

・各章冒頭に、初出年を記載している。

はじめに

足元のジェノサイドを掘り起こすとき

パレスチナ人は、依然として未知の存在であり続けている。とくに西洋では、また、とりわけアメリカ合衆国では、**パレスチナ人とは、ひとつの民族というよりもむしろ軍隊を動員するための口実のようなものなのである。**[*1]（ゴシック体筆者）

――エドワード・E・サイード

わたしたちはいま、静かに怒りを燃やす　**東北の鬼です。**[*2]（ゴシック体引用者）

――武藤類子

「正義の戦争」という幻想が仮想敵としての〝悪魔〟を捏造するとき、わたしは歴史的にさかのぼった、足元の〈ジェノサイド〉を想像する。だが、文字に書かれた歴史／記録には、いつもわたしの記憶は記録されてはいない。それなのに、なぜいままた、すでにその存在さえ喪われている〝東北の鬼〟が、カタストロフィーと共に浮上するのだろう。災禍は、単に災禍でなく、土地と身体の記憶を呼び覚ます〈声〉である。

わたしたちが、これまで経験してきたことの多くは、記録にとどめられていない。わたしたちの多くが殺害され、また多くが負傷し発言権を奪われても、何の痕跡も残っていないのである。そして、わたしたちを表象するために用いられるイメージの数々は、現実のわたしたちの姿をさらに矮小化するばかりなのだ。ほとんどの人々にとってパレスチナ人とは、主に闘士、テロリスト、始末に困る浮浪者《パーリア》としてのみ目立つ存在である。試みに「テロ」という言葉を発してみるがいい。クーフィーヤ（頭巾）と覆面《マスク》を身に着け、カラシニコフ銃を携えた男の姿が、すぐさま眼前で跳梁するであろう[*3]。

わたしは想像してみる。わたしが〝鬼〟と見做された時代のことを。〝鬼〟と呼ばれ続けて抑圧されることに耐え切れずに服従し、やがて二級の支配者に成りあがり、新たな加害を生んでしまったことを想像してみるのである。あるいは、支配者によってわたしたち〝鬼〟同士が分断され、敵味方となって自傷行為のごとく自らを滅ぼしてゆく（いった）光景を想像してみるのである。こうして、自らの言葉を残す術を持つことができないまま、自らの文化もろとも、埋もれて絶滅していったわたし自身のことを想ってみる。

それは、おのれが本来持つべき主権を獲得するための作業として、である。このことは、日本のなかの〈東北〉を考えるうえで欠くべからざる作業である。

そしてそのことを、わたしは〈東北〉で生きることの思想的可能性を探るための手がかりにならないかと考えてきた。大いなる正義によって貶められた歴史記述ではなく、ときには、わたし自身を執拗に「自分語り」するやり方で。

例えば、わたしは次のように、賊として、狼として、猜疑心を持つ野生として、征服されるべき野蛮として大文字の歴史に記録された。

宝亀十一年（七八〇）

二月十一日　陸奥国が次のように言上した。

「去る正月二十六日、賊が長岡（今の宮城県古川市長岡）に入って民の家を焼きました。官軍はこれを追撃しましたが、双方に死者が出ました。若し今早々に征討しなければ、恐らく賊の来襲・侵犯は止まないでしょう。三月中旬に、兵を発して賊を討ち、併せて覚鱉城*4を造り兵を置いて、鎮め守ることを請い願います」と。

天皇は次のように勅した。

狼は子供でも野生の心をもって恩義を顧みない。そのように蝦夷も敢えて険しい地形を頼みとしてしばしば辺境を侵犯する。兵器は人を害する凶器であるがこの際使うこともやむを得ない。よろしく三千の兵を発して残党を刈りとり、敗残の賊兵を滅ぼすように。すべて軍事作戦の行動は、都合のよい時に、随時行なえ。[*5]

天平宝字二年（七五八）
六月十一日　陸奥国が言上した。
去年八月以来、帰順した夷俘（服従した蝦夷《えみし》）の男女は、千六百九十余人であります。彼らは故郷を遠く離れて、天皇の教化に浴することをのぞみ、あるものは戦場を渉り歩いて、賊に怨《うら》みを生じた者たちであります。これらすべては新たに帰順したものであって、まだ本当には安定していません。また蝦夷の性質は狼のような心であって、ためらいがちで疑心多いものです。そこで望み願いますことは、天平十年閏七月十四日の勅を准用して、種籾《もみ》を給付し水田を耕作できるようにさせて、永く王民となし、辺境の軍にも充てようと思います。これを許可された。[*6]

聖武天皇 神亀二年（七二五）
閏正月四日（日付の乱れ）　陸奥国の蝦夷《えみし》の捕虜百四十四人を伊予国に、五百七十八人を筑紫（九州）に、十五人を和泉監《いずみのげん》にそれぞれ配置した。[*7]

古代国家の成立過程で〈東北〉の地域住民はエミシ[*8]という蔑称で呼ばれ、朝廷に服属しない異族の民として〈他者化／悪魔化〉された。古代国家の自己認識は、エミシ、熊襲、隼人、化外の民を〈他者化／夷狄化〉することで、形成されていった。そうした意味において、大和と蝦夷は光と闇の関係である。

いわゆる「東夷征討／蝦夷支配」は、五世紀末ごろから断続的に展開され、エミシが大和朝廷に制圧される九世紀初頭まで三〇〇年余り続いた。ここではひとまず、これを古代東北戦争と呼ぶ。

引用は、『続日本紀』*9の記録からである。東北経営やエミシにまつわる記録が少なくないことから、同時代における東夷の征圧がいかに重大な事業であったのかが窺える。エミシから朝廷へ献上品があったこと、陸奥で産出された黄金が貢進されたこと、陸奥・越後の野蛮なエミシが良民に危害を加え征圧したこと、陸奥国に柵を建設したこと、征討に功績のあったエミシ（俘囚）や通訳者に恩賞や褒美をとらせたこと、エミシの公民化や教化についての朝廷の方針、エミシからの陳情があったこと、あるいは征圧されたエミシが俘囚（朝廷に帰属したエミシ）となり、やがて長い年月を経て公民となっていったことも、この編年体で書かれた書物から窺うことができる。これらはすべて国府のあった多賀城（陸奥国）からの言上として記録されている。繰り返すが、この歴史／記録は、東北支配を前提として書かれているものだ。

引用文では、七五二年に朝廷の捕虜となったエミシ総勢七二七名が、陸奥国から伊予国

（四国・愛媛）、九州（筑紫）、和泉監（大阪）へ、主に防人など前線での軍事防衛に従事させられたことが記録されている。俘囚が、東北戦争の前線で壁になり、また九州の防人に編制されたことも読みとることができる。服従するということは、つねに戦争の前線に立たたされることである。

　軍事技術が未発達の古代戦争といえども、男のみならず、女、子ども、年寄り……数をも知れぬ人びとが無残に虐殺され、村々は焼き討ちにあい荒涼とした風景が広がったであろう。北の辺境はあらゆる暴力にさらされ、傷つき自ら命を絶った者もいたであろう。身体に傷を負いながらも屈強な肉体を持った人びとが捕虜となったが筑紫まで到着できずに死んでいった者も少なくはなかったはずである。

　文字で書かれたエミシによる記録（おそらく彼らは文字を持たない）が存在しない以上、彼、彼女らの悼みや怨みの心情をわたしはただ想像するしかない。だが、東北戦争のために動員された朝廷側の膨大な数の兵士（百済からの兵士や役人も含まれる）や柵の建設などその断片的な記録からでも、三〇〇年戦争は壮絶を極めたであろうことが窺える。

　このエミシの生存に関する実証不可能な〈余白〉を、わたしはなぜいま、語ろうとするのだろう。それを語ることが可能だと思うのだろう。それは、〈東北〉に刻みこまれている「回復不可能[*10]」な痛みが、数多の災厄を再び引き寄せ、やがて、原子力発電所の爆発事故へと至った「とり返しのきかない」帰結の延長上の向こう側に、古代へ遡るほどの痛みや傷の大きさを推測せざるをえないためである。「回復不可能」な〈東北〉は、こうした災厄を、将来にわたって幾度でも引き寄せることになる（なった）。

そしていま、これ以上の痛みを被らないための思考と治癒が、何としても必要なのだ。さらに必要なのは、いまここで正義の戦争のための口実として悪魔化される側の痛みと悲しみがどれほどのものであるのかを、その記憶を呼び覚まして、歴史へ深々と刻みつけ、わたし／あなた自身に楔を打つことだ。そして、生きるための無数のちいさな飛び地をつくっていくこと。[*11]

現前化する〈戦－後〉
――災禍が明るみにするのは、この土地の痛みだけではない。痛みは増幅し、痛みの飛び地をつくってゆく

語れない記憶。歴史化することのできない、そうさせない記憶。破片のような記憶。いま続いている本人たちが生きることにつながる記憶。つまり、証言に、歴史になっていく過程ではない、歴史化できない記憶の破片を抱えていま現に続いている生。そ

の生には大事な破片[*12]。

二〇一一年三月一一日の東日本大震災は、宮城県牡鹿半島の沖合約一三〇km地点を震源とするマグニチュード九・〇の巨大地震と連動した大津波が東日本の沿岸部を襲った。あの地震があった夜。携帯電話の向こう側で「山内さん！　宋《ソン》さんと連絡がとれない!!」と梁澄子さんが叫んでいた。その悲痛な叫び〈声〉に、ただ愕然とした。わたしが東日本大震災について考えるとき、いまも耳に焼きついている梁さんの、あのときの〈声〉が引き寄せたものも、やはり壮絶な痛みだった。

東京と被災地を往復し、とりあえず場当たり的に過ごさねばならなかった震災後に、「あのときのこと」を冷静に思い返すことができるようになったのは、ずっと後のことだ。

激甚災害の後、あまりにもたくさんのことが毎日起きていた。いったい何度余震があっただろう。町のすべてが途方もない、「量」としてのガレキと化してしまい、その絶望的に果てしない撤去作業がとてつもなく長く感じられた。だが、それがいまは、どのように作業が進んでいたのかさえ、その細部を思い出せなくなっている。そして郷里は変貌に変貌を重ね、盛り土と防潮堤に囲まれ、昔の姿を思い出すことが、とても難しくなった。忘れてしまいたい、とも思う。だが、この忘却が、次なる災厄を再び招き寄せるのではないか、忘却の先にやってくる災厄はもっと増幅されるのかもしれない、そんな想念にとらわれることもある。

あのときの〈声〉は、いまそこで宋神道《ソンシンド》さんが被災したという事実のみならず、一〇〇年前の関東大震災で朝鮮人が虐殺されたこと、そして一九一〇年から三五年間続いた日本の植民地支配のこと、そうしたことのすべてをない交ぜにしてわたしに突きつけた。わたしは、震災直前の二月末までソウル大学で短期の滞在研究員をしていた。震災が起きたのは、日本へ帰国した直後だった。日本にいるよりも旧植民地地域での調査時間の比重が大きくなっていて、そろそろ長期で海外へ出ようと考えていた矢先だった。朝鮮や台湾といった旧植民地地域へ、頻繁に足を運んでいたわたしは、この〈声〉に引き寄せられるように、現前化する〈戦－後〉とでもいうべき光景を、滞在先ではなく、わたし自身が生まれ育った郷里で、まざまざと経験することになった。

この〈戦－後〉とは、決して終わったものとしてではなく、傷み疼きながら、いまも癒えることなくずっと続いている戦傷のことである。心身の痛みもろとも現前化する〈戦－後〉のことである。そしてまた、この〈戦－後〉は第二次世界大戦後とは限らない。原発事故の後で、戊辰戦争を彷彿とした者もいただろう。わたしのように古代東北戦争を想起する者もいるだろう。傷ついた者にとっては、ほとんど永久的な課題になっていることにも気がついた。地震と津波でめくれあがった〈戦－後〉が、「原子力の平和利用」の本性をあらわにし、広島－長崎と地続きのあの痛みをふたたび蘇らせることにもなった。

女川町でひっそりと暮らしていた日本軍「慰安婦」女性の〈戦ｰ後〉を想起することは、やがて、わたしのごくごく身近に、沈黙を守る日本人「慰安婦」がいる（た）のではないか、という想念をくり返し呼び覚ますことにもなった。結局のところ、戦争責任問題を押しつぶしたい側にとっては、朝鮮人「慰安婦」を直接的に抑圧しながら、足元の日本人「慰安婦」の〈声〉をこそ抹殺することに成功していた。こうした想念はさらに、東日本大震災後に避難所などで起きていた性暴力の問題や家族の生活を支えるために都市部の歓楽街で「娘身売り」する被災女性へまで重なっていくことにもなった。こうして、めぐりめぐって、古代東北戦争にも性暴力は起きたであろう、という風に思考は転回していく……。どこが連続していて、どこから断絶しているのか、いくつもの〈戦ｰ後〉の切れ目は見えない。それは、永久に続いてゆく痛みだ。

宋神道さんは、日本による植民地統治下の一九二二年一一月二四日に忠清南道で生まれた。一二歳で父を亡くし、貧しい生活のなかで一六歳のとき結婚の話が持ち上がった。「親としてはじゃまになるもんだから早く結婚させようと思って……」[*13]。だが、宋さんは望まない結婚と夫との性交渉から逃れるため婚家から逃亡し、実家へ帰ることもできないまま放浪していたところに「戦地へ行かないか」[*14]と声を掛けられてしまった。現在の韓国大田から、北朝鮮の平壌、新義州、さらに中国の天津、漢口を経て武昌の慰安所「世界館」

へ連れて行かれたのである。
以下は、一九九三年に国を提訴した「在日韓国人元従軍慰安婦謝罪・補償請求事件」の本人尋問調書からの抜粋である。

小沢[*15]　その検査[*16]のあと何日かたって、軍人の相手をしなさいということで、宋さんの部屋に軍人がどんどん来るようになったわけですよね。
宋　はい。入れ替わり立ち替わりね。……もう大変だったよ。とくかく嫌なら嫌だと今ならばしゃべれるけど、俺は無学でしょう。学校もでていないから。だから字も読めないし、言葉も通じないし、大変な苦労だったんだって。だから情けのある軍人はそんなことしないけど、情けのない軍人は刀を抜いて暴れまくったり、これで殺すと言ったり、いろんな軍人がいました[*17]。
〔…〕
小沢　それで、さっき一日中兵隊の相手をして、数が多いときにはご飯を食べる時間もないような日もあったということだったんですけれど、一日にどのくらいの人数の相手をするんですか。
宋　七〇人くらいとらせられたこともあるんですよ。
小沢　七〇人くらい相手させられたこともあるんですか。

〔…〕

法廷で交わされた弁護士と宋さんとのやり取りに絶句するだろう。師団が出撃する前夜などは「慰安所」に行列ができたという。死の恐怖にさいなまれた兵士の精神状態は通常のそれではなかっただろう。「慰安所」とは、女性への性暴力が容認された場所だが、宋さんの証言から、亡くなったほかの「慰安婦」の遺体の片付けもおこなっていたことが分かっている。兵士からの暴力で死んでいった者、そして砲弾にあたるなどして〝戦死〟した者も少なくはなかったのである。「慰安婦」生活で最も辛かったことを尋ねると、宋さんは「弾が飛んでくる中で兵隊さんの相手をするのが一番つらかった」[*18]と答えている。

戦地に引っ張っていく時は「御国のため、御国のため」と言っておいて、今になって、なして「朝鮮人」だの「慰安婦」だのと差別をつけるのか。まったく意味のとれないことばかりです。[*19]

宋神道さんが宮城県女川町で被災したことの詳細については、本書に収録している「南三陸〈感情島〉」にあるので重ねての記述はしないが、二〇一一年八月にわたしは宋神道さんの避難先の住まい（公営団地の一室）を訪ねた。猛暑日で、部屋に扇風機が一台まわっていた。宋さんは薄手のスカートにランニングシャツを一枚着ているだけだった。八九歳の彼女の腕には「金子」という源氏名がはっきりと彫られていることが分かった。横腹から背中にかけて、慰安所で相手した兵士に日本刀でばっさり斬られた傷痕が、深く、想像以上に大きく残っていることにも愕然とした。裁判録を読んでいたものの、死線をさまよったであろうすさまじい傷に、言葉もでなかった。

わたしが宋神道さんの存在を知ったのは、慰安婦裁判が結審したしばらく後のことで、大学院へ進学した二〇〇八年のことである。お茶の水女子大学で上映されたドキュメンタリー映画『オレの心は負けてない――在日朝鮮人「慰安婦」宋神道のたたかい』[*20]を観て、日本兵の相手をさせられた女性の壮絶な出来事に衝撃を受けたのだが、しかしもっと愕然としたことは、映画のなかで彼女の話す方言が、わたしの郷里である三陸沿岸部の漁師言葉であることに気がついたことだった。女性である自分のことを「わたし」ではなく、「オレ」いうのは、三陸沿岸の女性たちもそうなのだ。わたし自身も帰省すれば、自分のことを「オレ」と呼んでいる。子どものころ、学校の先生に「女の子なのだから、自分のことをオレと呼んではいけません」といわれたことがあったが、「標準語」では「わたし」と言わねばならないのだと、そのとき知った。その後、宋さんが宮城県内に在住であることは知ったのだが、女川町の浜辺に暮らしていたことまでは、三月一一日のあの夜まで、わたしは知らなかった。宋神道さんの身の回りの「安全」に配慮するために、ごくごく限られた支援者だけが、彼女の所在を知っていた。

震災の年、とても暑い日だった。宋さんと一緒に商店街へ行って、何となく、洋品店の片隅にディスプレイされていたTシャツをその場でプレゼントした。宋さんは、どうしてこんなものをくれるのか、という表情をしながら、笑って受け取ってくれた。それが、宋さんとの最初で最後の出会いだった。

電話の向こう側の梁さんの叫び声と女川町の宋神道さんを思い起こすとき、同時に想起されることは、一〇〇年前の関東大震災の朝鮮人大虐殺の、彼らの記憶のことである。日本で暮らす在日韓国・朝鮮人にとって、日本社会の災厄とジェノサイドの恐怖は切り離しがたく結びついている。日本社会で同様のカタストロフィーが起きたとき、自分たちが同じようなヘイトクライムの対象になるのではないか、という恐怖の叫び声を、あのとき、二〇一一年三月一一日に、わたしは聞いたのだった。その〈声〉は、いまも耳に焼き付いている。あの、あまりにも悲痛な〈声〉は、関東大震災が東日本大震災と重なったからであり、日本国家を相手に「慰安婦」裁判の原告となった宋さんが、激甚災害後の被災地でどんな嫌がらせや危害を加えられるかを想像したからである。

そして、女川の海沿いに暮らしていた宋神道さんを想起することは、ひょっとしたら、わたしの身の回りに、沈黙にある日本人女性の「慰安婦」が暮らしている（た）のかもしれない、という想念を引き起こした。それは、日本人「慰安婦」を探し出すというのではなく、無数の傷ついた女性たちが、おそらく東北地方にこそ存在するのではないか、という直感をもたらすものであり、たぶん、それは大きく間違えてはいないと思う。

震災直後の二〇一一年三月三一日。村井嘉浩宮城県知事は、仙台市にある東北朝鮮学校への補助金の打ち切りを残酷に宣告した。朝鮮学校もまた被災し、本校舎は大きく傾いてしまい解体せねばならなくなった。二〇二四年の現在に至っても新校舎を建設することはできず、寄宿舎で授業が行われている。みんなが苦しかったとき、自分たちだけがのけ者にされ、当たり前の支援が受けられないことはどれほど辛いことだろう。世界中から支援があったなかで、朝鮮学校の子どもたちはどんなに心を痛めていただろう。こうしたヘイトクライム／排外が二〇一一年三月にも事実上起きたこと、それを宮城県が行政が主導でおこなったことを書きとどめておく。そしてそれはいまもなお続いている。また、国内のインターナショナルスクールも含めた学校が「高校無償化」されている現在において、朝鮮学校の子どもたちだけが排除されていることもいわなければならない。もう一度、確認しよう、激甚災害のあとの緊急事態宣言のなかで、国籍や民族かかわりなく助け合っている現場で、宮城県が朝鮮学校へとった補助金の打ち切りは、[*21] ヘイトクライムである。構造的暴力とは、直接的な殴る蹴るといった暴力ではないかたちで、他者の可能性をはく奪することである。あの震災直後に〈東北〉の内側に巣くっている構造的暴力がどんなかたちで発現していたのかを、記憶に留めておくことだ。「在日」は第一に、この国の納税者である。多くの在日の友人たちが被災地へ泥かきボランティアに来てくれていたことも知っていた。こんな行政のやり方にほんとうに申し訳ないと思っている。

知っていたつもりでも、わたしの足元にこそ、無数のサバルタンが存在することに自覚的になったのも、大津波のあとだった。

原子力をめぐるインターセクショナリティ

現前化する〈戦 - 後〉は、三月一一日の震源地からもっとも近くで被災原発となった女川原子力発電所（宋神道さんはこの町で暮らしていた）も含め、〝原子力の平和利用〟という戦後政策のもと、自主避難も含めた原発避難／原発疎開とともに決定的なかたちで浮上した。もっとつきつめていえば、二〇一一年三月一一日以後、〝原子力の平和利用〟という「戦後」が、単なる戦争の後を示すのではなく、平成や令和生まれの世代にとっても原爆投下の痛みと接合された〈戦 - 後〉になったのである。原発事故による心身の痛みをともなう新たな記憶が、歴史上の原爆攻撃に接合され、これが分かちがたく結びついた、というべきか。こうして〈東北〉という縁辺に決定的なかたちで〈戦 - 後〉が現前化することなった。つまり、原発事故以後、原爆による被爆被害を受けた広島や長崎だけでなく、別なかたちで被曝した〈東北〉での事故を発端に、戦争の痛みが再発しているのである。この痛みの再発がどのようなかたちで起きているかを知るには、福島の復興政策下でどんなことが起きているのかをつぶさに観察すれば解ってくるだろう。否、すでに青森県の下北半島は、基地と原子力のせめぎ合った〈戦－後〉を生きてきたし、先に論じた、宋神道さんや在日の被災と排外の問題もあらためて浮上した。

〈戦－後〉の意味については、言葉足らずで、解りにくいかもしれない。

例えば、〈戦－後〉、つまりPost-WarのPostが意味する内実について考えてみると、日本社会における「在日」コミュニティや米軍基地に占領されている沖縄と大多数の日本社会ではその"Post"の受け止め方が異なっているのではないか。端的にいえば、占領や離散が続いている人びとは戦後のなかで、依然として戦時の苦悩を抱えもって生きざるをえなくさせられている、ということである。現前化する〈戦－後〉とはそうした意味でもあるのだが、実は、旧植民地地域だった朝鮮や沖縄には、〈戦－後〉とは別に、ポストコロニアルという言葉が準備されている。ポストコロニアルという言葉も、ポスト、つまり「～の後」の接頭辞がつく言葉だが、この言葉を使う論客によってその内在する意味は様々である。「在日」コミュニティや沖縄にとっては、単に「植民地以後」という意味ではなく、依然として植民地下での痛みが現前化する〈ポスト－コロニアル〉である。ここでは、あえて使い分けをしている。

さらに議論が煩雑になってしまうが、わたしは東日本大震災後に日本の東北地方を「植民地」と表象することを拒絶してきた。なぜなら、朝鮮半島や台湾へ、東北地方から多くの侵略者が出ていったからで、原発事故以後に「東北は植民地である」という言説が広がったことへの違和感がずっとあることを吐露しておこう。「東北は植民地である」という言葉を吐けば、旧植民地地域や「在日」コミュニティの人びとは違和感を抱くだろう、ということだ。原発事故があったからといって、そう簡単に自己を被害者側へまとめきれるほど、〈東北〉の抱えている病いの内実は容易くはない。〈東北〉にとっての現前化する〈戦-後〉とは、加害者であるわたしと被害者であるわたしが混在して浮上することだ、と語るべきか。

この現象としてあらわれる〝戦傷〟は第二次世界大戦の後にできたものではない。すでに触れたが、〈東北〉は二〇〇年にわたる古代東北戦争に敗北し植民地支配され、無数のエミシが虐殺され、また多くのエミシが降参し俘囚となって中央政権に服属し、新たな戦争の前線へ立たされることになった、その〝戦傷〟のことでもある。さらに戦後処理や復興期のなか差別や抑圧を受けながらエミシと呼称される人びとは忘却され、表向き均質化させられていったように見えたが、実際のところはその痛みの所在が分からないまま、主権が奪われた状況のなかで近代化させられていったのである。ここでは〈東北〉での現前化する心身の痛みをともなう〈戦－後〉という表現を用いる。また、旧植民地地域と旧琉球、アイヌモシリについてはポストコロニアル及び、やはり現前化する心身の痛みをともなう〈ポスト－コロニアル〉という具合に、あえて使い分けする。

インターセクショナリティ[*22]という観点から、例えばすでに言及した宋神道ハルモニをわたしの議論に引き寄せて考えるなら、その内実はとても複雑に見える。戦地からの引き揚げ船に乗って日本兵と一緒に九州から女川へ北上し、日本の戦後を生きるなかで三陸沿岸の漁師言葉（方言）を話すようになった宋ハルモニは、旧植民地下での朝鮮人コミュニティのなかでも困窮を極めており、さらに日本人による朝鮮への抑圧経験、「慰安所」での日本兵士による朝鮮人／女性としての抑圧経験があり、その後に痛み続ける性暴力によるPTSDというポスト－コロニアルの問題を引き受けなければならなかった。つまり日本での生活に関わる戦後の朝鮮人への差別と困窮、地方での外国人独身女性としての困難な暮らし、日本社会の不理解による痛みをともなう日本軍「慰安婦」としての〈戦－後〉の重層性と複合的な差別のなかで、その記憶や言葉が幾重にも押しこめられていったことになる。こうして構図を並べて文字だけ書いている自分に吐き気がするが、裁判録に書かれた宋ハルモニの生涯は、インターセクショナリティの枠組で語れば済むような内容ではとてもない。もはや言葉でその内実を語れるような出来事では、ない。このことは、どのようにして記述可能なのか、わたしの課題となっている。

あるいは、戦後に朝鮮学校をウリコヒャン（わたしたちの故郷）／ウリハッキョ（わたしたちの学校）として日本人に殺されないため、日本人の暴力から自分たちを守るためのシェルターのようにコミュニティをつくらなければならなかった「在日」の人びとにとって、植民地下での朝鮮人差別や当時日本人から受けたまなざしは、今日でも心身の痛みをともなうポストｰコロニアル状況として続いている。度重なる米軍機の墜落事故や性暴力被害を被ってきた沖縄の苦悩も同様に、である。もっとも、こうした事象を、包括的にまとめあげる概念は存在しないし、そのようにしたくはないので、あくまで思考の糸口としてここでは提示するまでである。

また、朝鮮学校の子どもたちが「高校無償化」の適用除外に対して〈声〉をあげ続けていることのその内実に、少なくはない日本人の想像力が及ばないのは、マジョリティにおける戦後と〈戦ｰ後〉、そしてポストｰコロニアルのあいだの不理解*23が横たわっているからである。だが、福島原子力発電所の爆発事故以後、全国へ拡散していった原発避難者／自主避難の飛び地は、現前化する〈戦ｰ後〉を拡散することにもなった。地域社会のなかにちいさな支援者のコミュニティが〈東北〉として遍在してゆくことの道筋の先に想像できることは、いくつかある。ひとつは現前化する〈戦ｰ後〉と〈ポストｰコロニアル〉の状況を接合させつつ、痛みの治癒を実践するコミュニティをつくっていけるような道筋、である。〈戦ｰ後〉という表象をあえて使っているわけだが、冷戦下における「原子力の平和利用」は、広島・長崎への核攻撃による犠牲を忘却させ、経済成長へまい進する戦後日本の復興を下支えするように機能しているかに見えるが、別の見方をすれば、核開発をおこなわない代わりに、地方総動員体制で原子力発電所を配備することとなった。沖縄には米軍基地を、地方の海沿いには原発を配備したのである。ソ連や中国へのけん制とともに、国内では「三種の神器」と呼ばれた家電製品とともに、家庭（銃後）の主婦をも動員しつつ家電大国になっていった。一九四五年から一九五二年までの占領期と朝鮮戦争を経て、日本は一九五三年[*24]から原子力国家への舵を切ることとなる。戦後、日本がアメリカの植民地になったという視点は、原子力／核問題を考えるときに必要な視点であり、日本がアメリカの植民地であることを前提に考えれば、原発事故以後に痛みの激しい日本社会自体がほんとうは〈ポスト－コロニアル〉状況なのだが、しかし、この国の圧倒的多数はそうは思っていない。この〈ポスト－コロニアル〉状況がおそろしく深刻だと一般に気づいてもらえるようになるのはもう時間の問題だという気がしているが、すでに気がついている人びとは、新たなコミュニティを立ちあげ始めているだろう。そして、ほかの道筋といえば、現前化する〈戦－後〉の痛みに耐えられずに、新たに〈東北〉が戦場と化していくような顚末。こちらの動きもすでに起きている。そして、もうひとつは、〈東北〉の内側で、互いにつぶしあって自滅し、国破れて山河ありとなること。

原子力をめぐるインターセクショナリティというテーマ設定で、〈東北〉を検討するとき、まずは先に触れたようなアメリカの植民地としての極東の日本という視点を持つことと、さらに中国を中心(華夷思想)としたアジアの辺境であった日本が、近代化の過程で中国を辺境化(華夷変態)し、さらに日本の内側にある〈東北〉を服属した土地として近代に再浮上させることについては、本書の「日本型複合差別-試論」で論じた。〈東北〉の背景には、旧土人として扱われたアイヌ民族がいることは押さえておかなければならない。また、核廃棄物の最終処分場の計画地が北海道や青森県といった先住民の居住地域であることとの必然性と、地理的・地域間格差と差別をともなう複合要因のなかで選定されていく経過については、今後、もっと繊細に注視されるべき論点と思う。

「原子力の平和利用」が、アメリカによる原爆攻撃の被害への強い批判を緩和するための政策として戦後復興期の日本の中心的政策になっていったが、原子力発電の仕組みが、ウラン採掘現場から原発稼働、最終処分に至るまで、被曝の犠牲がともなうシステムであることについては、ここでは詳述しない。しかし。こうした犠牲を前提としたシステムがアメリカではとりわけ先住民の犠牲によって成立していることについては石山徳子[*25]、ケイト・ブラウン、トリシャ・プリティキンらが詳細に議論してきた。

風評加害者という〝悪魔化〟――「痛み」を語る被災当事者へ向けられる憎悪

さらに、被災者は、単なる被災者ではなく〈東北〉の被災者であることを、ことさらにここではいわなくてはならないかもしれない。

二〇二三年八月二四日午後一時三分。東京電力が〝ALPS汚染処理水〟[*26]の海洋放出を開始した。海洋放出については、二〇一五年八月に、政府と東電が「関係者の理解なしには、いかなる処分も行わない」と福島県漁連に文書で伝えていたが、この約束を反故にしたかたちで強行された。全漁連は一貫して海洋放出については強い反対の意思を表明してきた。また、福島県内の自治体の七割は海洋放出の再検討か反対の議会決議を示しており、宮城県議会は全会一致で海洋放出の反対の意見書を国に提出した。さらに津波の被災地となった三陸沿岸部の自治体も軒並み議会での反対、再検討の意見書を提出している。福島はじめ福島と隣接する地方自治体の圧倒的多数は、二〇二三年の海洋放出には反対の意見だった。だが、SNS等で「海洋放出反対」の立場を掲げた人びとへの中傷は、原発事故直後よりもずっと激しいものだった。とりわけ、「海洋放出」反対の立場でSNSへの発信をしていた福島の被災当事者たちへの中傷は、「海洋放出に反対する者は、福島の復興にさおさす風評加害者である」という批判[*27]で埋め尽くされるということになった。あるいは、汚染処理水への懸念をすこしでも語ると、「安全な処理水を、危険だと語る輩は、中国人だ」という民族差別を重ねたヘイトの言表、さらに「広島や長崎の被爆者に対して、ピカがうつると揶揄した差別者と同じだ」という語り方など、X（旧Twitter）には溢れることになった。

福島の被災当事者が、原発事故以後の怖れや痛みを語ること、それ自体を「風評加害」と揶揄し、この〈声〉を抑圧する動きが行政サイドも含め、表面化していることは事実である。「風評加害」の言葉は、一見、福島への県外からの差別言動を制止するために機能しているように見せかけながら、その内実は、福島県内の原発訴訟等の原告や県内避難者を攻撃するために機能しているといっていい。すでに福島は「脱原発宣言」をしているのに、今更なぜ、このような「風評加害」という言葉による抑圧が広がっているのだろう。原発事故以後の不安や苦しさを語る〈声〉、「これ以上、海や山を汚染しないでほしい」という〈声〉を「風評加害」という言葉で圧殺することは、福島の復興を抑圧することにもなるのではないか。もはや、被災者の多様な声を聞く許容量は喪われている。

現前化する〈戦－後〉に必要なことは、原発事故そのものを忘却することではなく、傷んだ心身のケアと傷の治癒なのだが、まるで六〇年安保と、戦後の経済戦争に突入していった〈戦－後〉が、福島で展開されているようにも見える。

一九五三年一二月に米国アイゼンハワー大統領が国連において「原子力の平和利用」の演説をした時点で、福島のような結末は予測済みだったという見方もあるだろう。戦後最大の復興政策の顛末を生きるわたしたちは、この施策の帰結が、広島・長崎での〈戦−後〉へと還流していることも観察してきた。

あるいは、震災直後に南三陸町へ医療支援に入ったイスラエル軍と、大船渡市で凧揚げをしたパレスチナの子どもたちの姿は、パレスチナ問題を三陸の漁村集落で現前化していた。「戦争戦略」が自然災害の非常時にこのようなかたちで浮上したことも実際に目撃された。

こうして東日本大震災後にわたし自身が直接触れた経験とこの土地の歴史的成り立ちについて、その都度再構成し直しながら考え、そして崩しては、また考えるというようなことが、いまも続いている。

いうまでもないことだが、ナショナリズムは意図的につくりだした仮想敵を悪魔化し、そうしたマイノリティを批判／否定する力を栄養とするシステムである。その「悪魔化」の標的は、前段で書いたような女性たちの場合もある。米軍基地に反対している沖縄に住む人びと、ＡＬＰＳ汚染処理水の海洋放出に反対している漁師たちや東北地域の人びと、アイヌの人びと、日本に住む外国籍の人びと、あるいは原子力政策に批判的な人びと。ナショナリズム／国家主義という思考様式それ自体が、辺境やマイノリティを決して幸せにはしない仕組み、ではある。民主主義が低落しているこの世界的状況ではなおさらのことだが、近代ナショナリズムを基底とする社会システムでは、戦争や公害での傷や病をケアできる仕組みをつくりだすことができない。そのため、傷みが極大化する社会は、戦争のような他傷を引き起こすか、自傷的方法で自滅するよりほかない。少なくとも、わたしにはそう見えている。

民主主義を放棄し、政治的機能不全に陥った日本が、プリンシプルの剝げた近代ナショナリズムの体系をこのまま維持しても立ち行かなくなるだろう。これだけの激甚災害が度重なり起きているにもかかわらず、原子力ムラを維持しようとしていることの一点を考えても、である。

「東北の鬼です」――この鬼門を呼び覚ましてしまったこと、その治癒の方法さえ見いだせずに、「風評加害」者＝被災当事者を撲滅することだけに躍起になっていると、足元をすくわれることになるだろう。

註

＊1　Said, Edward W., Photographs by Mohr, Jean, *After The Last Sky: Palestinian Lives*, Pantheon Books, 1986.（＝エドワード・W・サイード＋ジャン・モア写真『パレスチナとは何か』島弘之訳、岩波現代文庫、二〇〇五年、四頁）

＊2　武藤類子『福島からあなたへ』大月書店、二〇一二年、一〇頁。

＊3　前掲『パレスチナとは何か』四―五頁。

＊4　覚鱉城（かくべつじょう）は、古代大和政権が蝦夷征討のための拠点として築城したとされる城柵だが、伊治呰麻呂の乱（宝亀一一〔七八〇〕年）が起こり、完成したかどうかは分かっていない。

＊5　宇治谷孟『続日本紀――全現代語訳 下』講談社学術文庫、一九九五年、二二七―二二八頁。

＊6　宇治谷孟『続日本紀――全現代語訳 中』講談社学術文庫、一九九二年、一八八頁。

＊7　宇治谷孟『続日本紀――全現代語訳 上』講談社学術文庫、一九九二年、二六七頁。

＊8　毛人、蝦夷（えみし）という呼称は、蘇我蝦夷、蘇我毛人などの中央の人物の名前もみられることから、蔑称であるとともに、強い者を意味するのではないか、とも言われている。工藤雅樹『蝦夷の古代史』（吉川弘文館、二〇一九年）を参照。

＊9　『続日本紀』は、『日本書紀』に続く第二の日本紀である。文武天皇元年（六九七）から桓武天皇の延暦一〇年（七九一）までの九五年間を編年体の勅撰史書としてまとめた書物である。

＊10　酒井直樹は、「ポスト・コロニアル」という語は、「単なる編年記の秩序で植民地体制の後に来る」という意味で使用するのではなく。それは「ポスト・ファクトゥム（post factum）であって、「取り替えしがつかない」あるいは回復不能な（irredeemable）事態における「ポスト」である」と論じ、また吉田裕は「「ポストコロニアル」という用語を用いる際に前提とされているのは、植民地期には周縁化されていた一連の問題が形式的な独立後に可視化される時期を指し示すため」であり、「「ポストコロニアル」な現在には回復不能な」かたちで過去が嵌入し続けている」と論じている。吉田裕『持たざる者たちの文学史――帝国と群衆の近代』（月曜社、二〇二一年、一九頁）及び、酒井直樹『日本／映像／米国――共感の共同体と帝国的国民主義』（青土社、

二〇〇七年）を参照。

＊11　こうした「飛び地」の考え方は、豊島重之氏から「飛び地のヴィジオネール」としてくり返し示唆をえた。青森県立美術館で行われた対話による。

＊12　李静和『つぶやきの政治思想——求められるまなざし・かなしみへの、そして秘められたものへの』青土社、一九九八年。

＊13　「宋神道本人尋問調書」在日の慰安婦裁判を支える会編『オレの心は負けてない——在日朝鮮人「慰安婦」宋神道のたたかい』樹花舎、二〇〇七年、一二七—一二五頁。

＊14　慰安婦女性の多くは、貧しい家庭で育った女性たちである。場合によっては、父や母に虐待を受け、止むに止まれず家出し、生きる手立てを失った若い女性たちが、慰安所へ連れていかれたのである。

＊15　原告代理弁護士の小沢弘子氏。

＊16　慰安婦女性たちは、日本軍医による性病並びに伝染病等の検査を受けさせられた。

＊17　前掲『オレの心は負けてない』、一四四—一四五頁。

＊18　「準備書面　PTSDとはなにか」前掲『オレの心は負けてない』、二六一頁。

＊19　宋神道「陳述書」前掲『オレの心は負けてない』、四—五頁。

＊20　『オレの心は負けてない——在日朝鮮人「慰安婦」宋神道のたたかい』安海龍監督、二〇〇七年。

＊21　朝鮮学校への補助金は各地方自治体の長が決定している。また、二〇一二年一二月に文部科学省は、朝鮮学校を「高校無償化」から除外する省令を施行した。これは当時の文部科学大臣だった下村博文が、朝鮮学校のみを無償化から除外するためにそれまでの省令の一部を削除したためである。民主党政権下では、朝鮮学校も無償化対象だった。

＊22　ここでの「インターセクショナリティ」は、歴史的な観点から交差性に注目した複合差別論である。戦争の敗北等で、歴史的時点で下位に置かれた人びとや地域に刻印された差別が時代を超えて、あらゆる災厄を被る人／場所につくりあげられていく過程として考える。

＊23　不理解は、原発避難者であった市村高志の言葉である。山下祐介＋市村高志＋佐藤彰彦『人間なき復興

――原発避難と国民の「不理解」をめぐって』明石書店、二〇一三年。
＊24　加納実紀代「「原子力の平和利用」と近代家族」『ジェンダー史学』、二〇一五年、五―一九頁。
＊25　石山徳子『「犠牲区域」のアメリカ――核開発と先住民族』岩波書店、二〇二〇年：Brown, Kate, *Plutopia: Nuclear Families, Atomic Cities, and the Great Soviet and American Plutonium Disasters*, Oxford University Press, 2013; Pritikin, Trisha T., *The Hanford Plaintiffs: Voices from the Fight for Atomic Justice*, The University Press of Kansas, 2020.（＝トリシャ・プリティキン『黙殺された被爆者の声――アメリカ・ハンフォード正義を求めて闘った原告たち』宮本ゆき訳、明石書店、二〇二三年）
＊26　国と東電は「ALPS処理水」としているが、ここでは〝ALPS汚染処理水〟とあえて記述する。
＊27　こうした調査については、筆者が福島県内在住者に直接インタビュー調査を続けている。

南三陸〈感情島〉

二〇一一年

真正面に惣内の山並みが広がっている。後ろには残谷集落。子どものころ、家の目の前に広がる「ソーナイ」はエゾの言葉だと教わった。かつて、このあたりにはエミシと呼ばれるひとたちが住んでいたという。「のこりや」は、昔々、大きな津波が来たときに、ここだけ残った場所で、さらに少しばかり離れた「大船」という字名の集落には、津波で大きな船が流れついたので、そのような地名になったのだ、と教えられた。

近代というには、およそ隔絶された三陸沿岸の限界集落でわたしは育った。年寄りが教えてくれた話は、村の誰もが知っていた。けれども、そんな話は学校の教科書にも書かれてはいなかった。ただの昔話だと、ずっと思っていた。

一九七六年生まれのわたしは、この国の高度経済成長を通りぬけながら、じつは深刻な「飢饉」の記憶を持っている。

一九九三年、平成の大凶作のことである。わたしは高校生だった。この年、春先から雨は延々と降り続き、とうとう気象庁は九月末におよんで、梅雨明けの宣言を断念した。三陸の海から冷たい風ヤマセをまともに受けつづけ、稲はまったく実らず、宮城県全域の平均作況指数はじつに三七だった（註：平年並み一〇一―九九、やや不良九八―九五、著しい不良九〇以下）。三陸沿岸部は日本中でもっとも被害が大きく、作況指数は二〇そこそこだったのではないだろうか。わたしの家の田んぼは、例年一反歩あたりの収穫量が五五〇キロ程度だが、九三年はそれが、わずか二〇キロという、にわかには信じがたい収量だった。秋になれば、黄金の稲穂はゆっさりと頭を垂れるものである。秋なのに、稲は直立のまま青かった。籾のなかは空っぽで、コメが入っていない。こんなことがありうるのだろうか、とわたしは思った。収穫を断念した田んぼに、父は火を放った。水分のない空っぽの稲田は、一瞬にして燃えさかり、そして消えていった。夕暮れに、絶望の後ろ姿だけが立っていた。

あのとき、「昭和のはじめの大凶作も酷かったが、こんなに酷い凶作ははじめてだ」と村の年寄りは口々に言った。「時代が違えば、餓死で村が全滅、おまえは娘身売りだ」と笑った。テレビの向こうで、大量に運び込まれた緊急輸入のタイ米が、物議をかもしていた。

三陸は、剥き出しの自然に晒された、「最後の場所《ケガチ》」である。陸《オカ》で暮らそうが浜で暮らそうが、ここは、どこも例外なく、ケガチなのである。ここは生き死にの物語が無数に埋もれた土地なのだ。

あの日、三月一一日。すさまじい揺れで本が崩れ落ちてきた。大学寮の八階の部屋にいたわたしは、もうダメだと思った。部屋の外へ出て、同じフロアの男子学生と一緒に非常階段で地上まで降りた。この寮は、国際学生宿舎で、留学生もたくさん住んでいる。遠くから留学生の悲鳴や叫び声が聞こえた。避難したとき、転んで膝から血を流している中国人の女の子に声をかけた。あまりの恐怖に、階段の途中で泣き崩れて、しゃがみこんでしまった女子学生もいた。みんなパニックになっていた。

わたしは、上着も羽織らずにサンダル履きのまま、ただ混乱していた。しばらく余震のつづくなかで、八階の部屋にすぐに戻る気にもなれなかった。そのまま、外を歩いて、最寄り駅の周りにテレビの見られる場所がないか探した。やっと見つけたのはラーメン屋で、少し迷って暖簾をくぐった。店に入っても余震はつづいていた。いま起こった地震が宮城県沖であること、そして巨大な津波が来ていることを、そこで知った。テレビを凝視しているたったひとりの客に、店のご主人が「実家はどこなの?」と聞いてきた。「宮城の志津川(現南三陸町)というところなのです」と、わたしはこたえた。するとご主人はとても驚いて「志津川なの! わたしね、登米なの」といった。六〇代と思しきご主人は、隣町のひとだった。なぜか、とてつもなく胸騒ぎがした。

電話はつながらなかった。相変わらず余震が続いていた部屋のなかで、一晩中、刻々と流れるニュースをひとりラジオで聴いていた。埼玉や神奈川に住む親戚からの電話。テレビでは埒があかない。とにかく南三陸の情報が欲しかった。使い慣れないTwitterとFacebookをひらき続けた。

深夜、Twitterに投げられたのは「南三陸は、町役場も警察署も消滅した」という絶望的な情報だった。南三陸と女川は町役場が流されて、県への被害状況も報告できず、完全なる陸の孤島と化しているという内容だった。上空からの映像、故郷の町は、まるで見覚えのない、沼の広がりになっていた。

眠れないままうつらうつらしていたところへ「九日に津波が来たときも、お父さんは水門を閉めに行ったのよ、お父さんはダメかもしれない」父の妹、つまりわたしの叔母からの電話だった。電話を切って、考える間もなく、また電話が鳴る。鼓動が一瞬早くなる「宋さんの安否が分からない」気の遠くなるような電話の向こう、女性の叫び声だった。やはり三陸沿岸の町で暮らしている宋神道さんの行方も分からなくなっていた。途方に暮れた。

いま、あの巨大な震災から一ヶ月と少しの時間が過ぎて、わたしはいくつかの話を接合することができる。はじめにいっておくと、わたしの父は生きていた。そして宋神道さんも、生きていた。

三月一一日。わたしの父は、巨大な地震のあと、やはり水門へ向かっていた。田舎の町には消防署とは別に、消防団が組織されている。父は町の副団長で、地震のときには防波堤の水門を閉めに行くのが仕事だった。いつもは一緒に動く弟が、この日は出遅れた。父ひとり向かった水門の手前で、凄まじい砂ぼこりが舞い上がるように巨大津波が向かってきた。そのことを知ったのは、地震から一週間後のことだ。最初につながった電話で「俺もほんとうに危なくて、消防士に助けられたんだ」と父がいった。「ああ、助かってよかった」とわたしは答えた。そして父はひとつ呼吸をおいて「俺を助けてくれた消防士一〇人のうち、九人が死んでしまった」といった。わたしは、言葉を失った。たったひとり生き残った消防士は、遠く沖に流され、雪の降る海を一晩泳いで、二〇キロ先の対岸の浜で救助された。奇跡の生還だった。

津波から逃れたあと、父は山道を歩いていた。途中「助けてくれ」と声がした。ひたすら瓦礫をかき分け、お年寄りを引っ張り上げた、知っているひとだった。「ああ、あんたか」辛うじて声が出たが、極度に衰弱していた。気がつくと、救助に四時間を要していた。父はおじいさんを背負って、山裾を歩いた。しばらくすると、氏神の社があった。父も体力の限界だった。「よし、ここで待っていてくれ、絶対に助けに来るから」。社の扉を開けて、おじいさんを横に寝かせた。雪が降っていた。脱いだ上着をおじいさんにかけて扉をしめた。おじいさんは「寒い、寒い」と震えていた。社の氏神に父は手をたたいて無事を祈った。さらに下山するのに二時間。日の暮れた集落へ戻ると、「副団長は死んだ」と噂になっていた。それから父は、一五人ほどの消防団員を連れて救助へむかい、おじいさんを隣町の病院へ運んだ。「助かった」と、思いたかった。父に連絡がきたのはしばらく後だったが、衰弱の激しかったおじいさんは、救助の翌日、病院で息を引き取ったという。わたしが聞いた、いちばん身近な、あの日の出来事だ。

震災二週間後、わたしが南三陸町の実家へ着くと、実家の乗用車は霊柩車になっていた。町はまるで爆撃を受けたあとのような惨状で、「ここは戦場だ」と思った。配給物資、停電、避難……使われている非常時の言葉がいっそう、ここを「戦地」にしていた。父は毎日、亡くなったひとを火葬するために近隣の町や県外のまで遺体運びをしていた。犠牲者の数があまりにも多く、もはや、ひとりひとりの葬式をあげることも叶わなかった。この町で生き残ったひとは、たぶん例外なく、生き残りの後ろめたさのようなものを抱えている、父の姿を見ながら、ぼんやり思った。

宮城在住の宋神道さんの安否確認には、思いのほか時間がかかっていた。ライフラインの切断と、町役場の消滅で、外部からのアクセスが困難を極めていたからだ。東京では、支援者の梁澄子さんが考えられる限りの方法で、手を尽くしていた。自衛隊、そして韓国軍にまで救助依頼をしていた。

地震の直後、町の民生委員が宋さんを迎えに来てくれたそうだ。「急いで」という促しにもかかわらず、宋さんは大切なポメラニアンのマリコのリードを家中探しはじめた。迎えにきた民生委員はヤキモキしたという。比較的高台にある住宅に宋さんは住んでいたが、避難所はそこよりも低い場所に指定されていた。宋さんがゆっくり準備しているうちに、とうとう津波がやって来た。波は、これから宋さんたちが避難するはずだった下の避難所をのみこんでしまった。宋さんたちは、さらに高台へ逃れ、助かった。震災後、宋さんを迎えに行ってくれた韓国人女性の友人から聞いた話だ。「宋さんの家には、船が突き刺さっていました。ほんとうに、宋神道さんというひとは、生きる意志が強いひとなのだと思います」と彼女はいった。そして「わたしは、韓国人として、仙台で日々暮らしています。震災のあと、オールジャパンといわれるたびに、自分がそこにいないことを思います」と続けた。

宋神道さんが、どんな運命で、このケガチの風土の住人になってしまったのかを想像するにはあまりがある。どうして、彼女はこんな暮らしにくい土地に行き着いてしまったのだろう。複雑な事情については、ここでは触れない。『オレの心は負けてない』を読んでほしいと思う。そして、道路も寸断されたなか、宋さんを迎えにいってくれたひとりの韓国人女性の話をここに書いておきたかったのだ。あの津波のあと、宋さんをめぐってたくさんのひとたちが、人知れず動いていたことを、すこしだけ書き残したかった。日本のメディアは取りあげてはくれない。

かつて、西成彦が〈東北〉を〝あとくされ〟の地と形容し、あとくされ、即ちトラウマと指摘したことがあった。その言葉を引き受けて、精神科医の宮地尚子さんが「〝あとくされ〟という言葉を英語に翻訳すると、Future Trouble になる」といったのを思い出した。ケガチとは、三陸の抱えたトラウマ、即ち Future Trouble なのだろう。いつ何時、それがどんな強度でやってくるのかも分からない。そのケガチと共に生きることを、まるでこの土地が宿命づけられているかのようだ。そんな歴史の断層を、わたしたちはいくつも知っていた。

そして、そのことが結局のところ、原発にいたるような深刻な病を〈東北〉にもたらしているこの事実を、わたしたちはまだ受け止めきれないでいる。わたしたちが目の当たりにしている〈東日本大震災〉は、自然災害という枠組みだけで語ることのできない、複雑な問題をすべて剥き出しにしてしまった。この具体的な「転換」には、半世紀、いやもっと時間を必要とするかもしれない。でも、いま変わらなくては。

冒頭、南三陸〈感情島〉と書いた。宮地尚子さんの「環状島」から音だけいただいた。宮地さんの論じる「環状島」とは、カルデラのように中心が水没した島である。水没地帯にいる人びとは声をあげられない。失われた声を、誰かが引き受けて語ることは、容易な仕事ではない。

一方、ここは南三陸〈感情島〉である。近頃すっかり有名になった南三陸町長（当時）の佐藤仁さんが、津波からの生還のあとで、「拾った命」と語ったことが新聞にもテレビにも出ていた。あの日、すさまじい津波から生還した人びとは、自分たちは「一度死んだ」と、心のどこかで思っている。わたしの父もそうだと思う。死の淵から「再生」した語り部たちが、この〈感情島〉の頂きで、はじまりの物語を紡ぐだろう。ケガチの風土で生きてきた彼らは、語ることをけっして諦めない。そして、たくさんのひとたちが、その語りに耳を傾けること、傾け続けてくれることを、心から願っている。

ほんとうに、気の遠くなるような道のりになるのだから。

南三陸〈感情島〉

海と生きる

二〇一二年

一年と七ヶ月目の憂鬱

去年（二〇一一年当時）のいまごろよりも、ずっと心が重い。震災の直後は、悲しみに暮れていたけれど、まっ白な状態からあたらしい町をつくるのだ、という気持ちが持てていただけ前向きだった。けれども、いまは、自分たちが心で描いていた未来の町が霞でかき消されていくような、そんな気持ちに襲われている。仕事を失った人びとが日に日に町を出て行く。基礎だけ残った浸水危険区域が荒野のように広がって、地盤沈下したアスファルトには海水が溜まっている。いったいどこで建設ラッシュがはじまっているのかちっとも実感はないが、資材は高騰し、人手が足りず、再建のためのあらゆる仕事に支障をきたしている。高台移転も、移転先さえ決まらない。疲労感と徒労感に支配されて、こんな精神状態から抜け出すことができなくなるのではないか、と不安に駆られる。まるで砂の地獄にでも嵌ってしまったようだ、もがいて、もがいて……やがて疲れて、わたしたちは自分の町を、未来を、その途上で諦めてしまうのではないか、と思うことさえある。

会う人会う人が、とても疲れている。

家で晩酌などしたことがない父が、震災以後、毎晩のように酒を飲む姿を見るようになった。遺体捜索が続いていた頃からだ。かつての市街地には居酒屋もなくなってしまったので、近頃父は、わざわざ隣町まで、飲み友だちと繰り出している。もはや還暦も過ぎて、そんなに飲める年でもないのだ。夜中、電話が来て、仕方なしに母と一緒に車で迎えに行くと、友だちの役場職員と一緒に店から出てきた。父と一緒に飲んでいたその友人は、長年連れ添った妻を津波で喪い、家も流され、いまはひとりで隣町の見なし仮設のアパートで暮らしながら、「復興」の激務にあたっている。アパートへ送り届け、父と挨拶を交わし、部屋へはいってゆくその後ろ姿を見ながら、母を連れて来なければよかったな、と後悔した。

大人だけではない。子どももストレスを抱えている。震災以前は四〇〇人ほどいた町の中心部にある小学校の児童数は二八〇人まで減ってしまった。彼らの新しい住処は、近隣の町や仙台ばかりではない。東京や大阪、鹿児島といった遠方まで拡散している。大多数は仕事を求める親と一緒に新天地で暮らしを再建させるために町を出て行った。そのようにして、この震災を切っ掛けに新しい生活環境への適応を迫られる子どもたちがいる。一方で、被災地に残った子どもたちも、町から出て行った友だちの喪失感を抱えながら、狭い仮設住宅のなかで暮らしている。おおきな余震がある日は、「あの日」のことを思い出して、学校で気を失って倒れる子どももいる。阪神淡路大震災のデータでは、仮設住宅などで暮らす被災地の子どものストレスがピークに達するのは、震災後二年から三年後なのだという。そうしたストレスが自傷のみならず他傷へ及ぶこともあるとも言われる。

いま感じている一年七ヶ月目の憂鬱は、次の一年八ヶ月後にはさらに強度を増してゆくだろう。そして二年後……三年後には、この「復興」へのさらなる失望と脱力感に苛まれるのだろうか。いまはまだ山の麓なのに。

三陸の海

南三陸は、志津川湾を囲む馬蹄形の地形のために、町内のすべての河川が、志津川湾に流れ込む。だから、川の上流に住む山里の人間の暮らしがそのまま海に影響を与える。生活排水や農薬を流せば、その影響は志津川湾の漁師に影響を与えることになる。そのことを、この町に住むひとは、経験的に知っている。

津の宮漁港から椿島までの一・二キロをはじめて泳ぎ切ったのは、小学校六年のときだった。志津川湾の椿島はタブ群落の北限で、国の天然記念物に指定されているとても美しい島だ。遠くから見ると、まるでブロッコリーのように湾に盛り上がっている。プールと違って、海には浮力がある。けれども、波に負ければどんどん沖に流される。海水は夏でも冷たい。ひとたび海に出ると、頼れるひとは誰もいない。海の教えは、親よりもずっと厳しかった。

あれはいつだったか、まだ子どもだった。漁船に乗せてもらって出航準備をしていたときのことだ。船頭さんの足に、ロープが引っ掛かりそうになっていることにわたしは気がついた。わたしはおもわず「あ、船頭さん、足にロープが……」と声をあげた。すると、一緒に船に乗り合わせた別の漁師がわたしのその言葉を制止したのだ。「あのな、漁師はぜんぶ自分の責任なんだ。海に出たらさ、だれも助けねぇんだ」。他人の危機を教えてあげることが、善とは捉えられない世界があることも、そこではじめて知った。とても厳しい掟だなと思った。そうして同時に、船出した自分の命は自分で守ることが原則なのだということにも気がついた。陸《オカ》に住む人間には、その道理が解りにくいものだ。板子一枚、下は地獄。それは津波が来たときも同じなのだろう。津波てんでこ、自分の命は自分で守る。

一〇代の終わりから二〇代のはじめのころ、わたしは夏になると毎週のようにヨットに乗っていた。大晦日から元日にかけて、石巻のヨットレースに便乗させてもらうこともあった。もっとも、養殖の海でヨットに乗ることは、決して歓迎されることではなかった。漁師には嫌がられた。三陸の海は、漁師の海。遊びの海ではないとも言われた。養殖イカダが連なる湾の入り口を、イカダにぶつからないように沖まで漕ぎ出すにはそれなりの技術が必要だ。ヨットは車とは違う。まっすぐには進めない。帆の角度を変えながら斜めにあがっていくのだ。イカダのロープを切った友だちは漁師に大目玉をくらった。

いまは穏やかな志津川湾もかつては深刻な汚染と直面したことがある。養殖漁獲高日本一をほこった志津川の銀ザケ養殖は、生エサの沈殿によって湾内に汚染を広げていった。湾を航行したヨットの船底に生エサの油がべっとりとはり付いていた。ほとんど浄化困難と思われた志津川湾の回復に、漁師たちは二〇年もの歳月を要したのだった。昔乗っていたディンギーは、この津波で艇庫ごと流された。いまはもう跡形もない。もう、ヨットに乗ることもないだろう。夏に三陸に帰ればいつでも乗れると思っていたけれど。あの大津波から一半年。海を眺めながら、やっと、そんな喪失感が沸いてきた。いろんな思い出がよみがえるようになった。

わたしたちは、三陸の海から、ほんとうにたくさんのことを学んで育った。海や山が汚染されれば、わたしたちの暮らしが根こそぎ失われてしまうことを、この震災はもっと切実に教えてくれた。

原発事故の全貌は、まだ見えない。とりわけ、今回被災した一次産業を基盤とする農漁業地帯では、汚染された海や山を前に、途方もない回復への道のりを歩むことになった。回復の手だてといえば、ひたすら自然が浄化してくれるのを「待つ」こと以外に、わたしには思い浮かばないのだ。生のあり方そのものを問われる事態に直面していながら、世の中は、「列島改造」時代を彷彿とさせるようなゼネコン癒着のばらまきがはじまっている。

防潮堤への抵抗

いま、東日本大震災で甚大な津波被害を受けた海沿いに、巨大な防潮堤計画が立ち上がっている。計画のいくつかは着工がはじまっており、そのほとんどの計画を、海の当事者である漁師さえ詳細を把握できていない、という現実がある。南三陸では、高さ八・七メートル、底幅二〇—五〇メートルの厚さのバック堤が、海沿いだけではなく、町内を流れるすべての川の両岸に建設される計画になっている。河口への水門は設けず、津波が来たときに波を河川へ引き込む構造だという。多くの人びとが、堤防といえば、海に面して建てられるコンクリートの壁を思い浮かべるだろうが、今回の計画では、海のみならず、長い川の両岸までも、高いコンクリート壁で覆ってしまうという、三陸の大改造計画である。

その巨大防潮堤計画が、かなり深刻な陰を三陸の海にもたらしていることを知らされたのは、春先三月のことだった。四月下旬には南三陸を会場に「海の民連絡協議会」が開催され、防潮堤計画についての情報共有の場が持たれた。岩手の大槌、陸前高田、宮城の南三陸、福島の南相馬といった海沿いの町の人びとが集まった。岩手県の大槌町は、一四・五メートルの防潮堤計画が出されており、住民サイドで陳情の準備がなされていたころだった。南三陸も九月上旬に有志で防潮堤に対する陳情書を議会に提出した。

気仙沼では、この夏から本格的な防潮堤の勉強会がはじまっている。「森は海の恋人」の活動で知られる気仙沼の舞根地区は、地区住民が全員一致で「防潮堤は建設しない」という決定をし、気仙沼市へ陳情書を提出した。それにもかかわらず、計画はなかなか見直しにならない。牡蠣の養殖を続けてこられた畠山重篤さんは、二〇一一年、国連からフォレストヒーローズに選定されたが、気仙沼における一連の防潮堤反対運動の前線で動いている。そうした動きを懸念したのか、舞根地区には宮城県知事が視察に訪れるという一幕もあった。その後、気仙沼の隣にある南三陸町では八月三〇日に急遽、戸倉海岸での防潮堤着工式が行われた。高台移転の場所も決まらないまま、漁業者も防潮堤よりも漁港や加工場を先に手入れして欲しいという要望がありながら、異例の早さで着工が進められた。

今回のような巨大な防潮堤建設へいたる考え方そのものに、地方が切り捨てされてきた戦後日本の政治的体質の残存が見えるように思われる。そのことは、原発事故のような事態に及んでとても深刻な素地をつくりだしていた。戦後、「命を守る」という大義とともにダム建設や巨大開発はなされてきた。地方は、そうした金をばらまく開発を肯定的に受け入れてきた過去がある。命を守るという名分を語りながら、公共事業依存型の地方社会をつくりだし、維持、存続できない町になってしまえば、結果的に生きられない町になるだろう。それでは、ひとの命も暮らしも守ることはできないであろう。

「創造的復興」とは名ばかりで、あたらしい社会を描きたいと言いながら、結局のところかつて好景気だった時代の原風景を引きずったまま、という虚しさを感じる。

一九年目の奥尻と防潮堤

一〇月二日。南三陸を出発して、北海道の奥尻島へ向かった。阪神淡路大震災や中越地震といった記憶の向こうへ追いやられて、もう多くのひとは忘れているかもしれない。あのころ高校生だったわたしが、北海道に奥尻という名前の島があることを知ったのは、あの津波があったからだ。津波が襲った青苗岬の様子をテレビの映像で見たことを覚えている。奥尻島を巨大な津波が襲ったのは、一九九三年七月一二日のことだった。地震は、ほとんど直下型とも思われるような下から突き上げるような衝撃だったという。その日の夜一〇時三〇分に起きた地震のあと、わずか三分で高さ二九メートルもの大津波が島を襲った。あっという間の出来事だ。犠牲者は死者一七二名、行方不明二六名。とりわけ島の突端に位置する青苗地区の被害は甚大で、死者八七名、行方不明者は二〇名にのぼり、島全体の犠牲者の過半数に及んだ。この地震は、北海道南西沖地震と呼ばれている。奥尻の「復興」はたしかに早かった。国直轄事業ともいわれた奥尻の再生事業は、五年後の一九九八年に完全復興宣言され、現在に至っている。青苗はいまどうなっているのだろう。

一九年後の奥尻を知るための旅だった。

まだまだ「復旧」の兆しも見えない南三陸を出発して、新青森からスーパー白鳥で青函トンネルを潜る。函館駅でレンタカーを借りて江差港へ、さらにフェリーに乗船して海上を二時間。朝六時過ぎに出発して、奥尻の港へ辿り着いた頃にはすっかり暗くなっていた。一二時間の道のりだ。奥尻町役場の担当の方の話によると、東日本大震災のあと、奥尻への視察が続いているという。岩手、宮城、福島のほぼすべての県議は訪れており、被災町村からも、わたしたちのような見学者が大勢来ているとのことだった。

〈東北〉と向き合ってきた自分にとって、北海道の沖合いに浮かぶ島の暮らしに出会うことの意味を問えば、深く深く水底で行き会うだろう。けれども、やっぱり、うまく言葉を紡げない。中央と地続きの場所、中央からずっと離れて、こうして海に浮かぶ島。そこに、はたしてどれほどの懸隔があるのかも分からない。中央から地続きの場所で起きた原発事故の事の深刻さを考えれば、そんな場所にこそ、ベックの論じるようなリスクは留まるのか……。奥尻で読んだ北海道新聞には、住民の渾身の抵抗にもかかわらずオスプレイが配備された普天間の記事が一面に掲載されていた。奥尻のいま、東北のいま、そして沖縄。

事前に下調べはしてあった。地方の町の少子高齢化は言うまでもない。奥尻町の人口が震災後の一九年間で四割近く減少していること、漁業後継者の不足に悩んでいること、観光収益が極端に落ち込んでいること。津波を防ぐため超巨大な防潮堤を建設したことで損なわれた自然。仕事がないこと、あげられる問題はいくつもある。いま南三陸で直面していることと同じ境遇にあった震災後の時間を共有しながら、風景の喪失感や被災の濃淡が引き起こした地域内の亀裂や……おそらくは、奥尻でもそのような状況があったであろう、いくつかの想像もできる。「でも……」、奥尻への船のなかで思った。自分の暮らす土地を、外からやって来る人間に、そんな風に看做されることが、そこに住む人間にとって一番悔しいことだな、と思う。自分も苦しくなる現実なのだが、所得の低さや高齢者人口の増大、人口減少を声高に語れば、結局のところ人口が集中していて、市場経済が優勢する社会を眼差す価値基準で社会を想定することになる。もっとも、経済的な格差を容認したり、高齢化社会の問題を放置していいことにはならないのだが、そうした山積する問題の打開策として安直に提示される「観光によって、交流人口の増大をはかる」というような言葉も悠長に聞こえる。北海道の沖合いに浮かぶ島が、それだけで、観光客を呼び込むことのハードルは高いというのに、どんな無理をさせようというのだろう。ここでの暮らしは、ずっと続いてきたというのに。

年間の予算規模が五〇億円ほどの奥尻町の被害総額は六六四億円と言われていた。[*1] この島へ投入された復興予算は巨額だった。個別補償の災害基金の支払額は一〇〇〇万とも言われている。そうした一時的な国家予算の投入とは裏腹に、復興宣言以後の奥尻は、この島に住む当事者自らが「復興不景気」と呼んでいる復興特需後の後遺症とも思しき苦難にぶつかっていた。漁業や観光業の衰えと急速な人口減少が要因と言われているのだが、しかし客観的に見れば、奥尻島が震災に遭った一九九三年から完全復興宣言がなされた五年後の一九九八年以降の日本の経済状況は右肩下がりになっていった時期だ。震災と復興の端境期に、日本経済そのものがしぼんで、奥尻の復興宣言以後を支えられなくなったことを、彼らは「復興不景気」と呼んでいるのかもしれない。

そんな奥尻の海を見ながら、もはや傷つきつくした南三陸の町の行方を想った。郷里の大震災に直面して、この春からわたしは南三陸へ戻って町の再建にかかわる仕事をしている。津波で流された町の中心部に、いまは誰も住むことができなくなってしまった。廃墟だ、と思う。夜、街灯も満足でない旧市街地を車で走るときの怖いほどの闇と静けさ。地盤沈下したアスファルトに海水がたまっている。アスファルトの亀裂から沸きでる海水が車のライトに反射する。それでも、ここで暮らしを再建することをみんなが願っている。とりあえずの復興予算が落ちるこの五年間はよいとしても……その先を考えれば途方に暮れる。

レンタカーで回った島のあちこちで、土留めや護岸工事がされていた。そこが雇用の場になってもいる。震災以後に津波に備えて建設された一一・五メートルの巨大な防潮堤が、青苗地区を取り囲むように海の目前にせり出していた。そのまわりには波よけのためのテトラポットが無数に積まれていた。新しいテトラポットをつくる公共事業もまた、大事な島の雇用になっていた。一九年後の奥尻。いや、こうした光景のひとつひとつには既視感がある。北海道本土に連打されてきた公共事業、沖縄も、そして東北も。津々浦々の「地方」すべてに。

三陸の巨大防潮堤

一九年前。奥尻の人びとは、岩手県の田老町へ防潮堤の視察へ来たのだと聞いた。岩手県田老町には、高さ一〇メートル、総全長二・四キロメートルの、あの巨大な防潮堤があった。奥尻の防潮堤は、田老をモデルに設計され、高さは田老の防潮堤よりも一・五メートル高いものを建設した。しかし、東日本大震災による津波は、その田老の防潮堤さえもことごとく破壊し、易々と波は乗り上げていったのである。

奥尻の巨大防潮堤の側に行くと強い風が吹いていた。コンクリートの厚い壁が見上げるように立ち上がっていて、まるでビル風が起きるときのように、壁に風が吸い付けられて、防潮堤の側面を横走りしてゆく。かつて砂浜が広がっていた海岸線では、防潮堤が建設されたことによって周辺の砂浜が消滅していた。たたきつけるような強風と波によって、砂浜の砂がさらわれていったのである。運ばれた砂は、河口付近をせき止めるように溜まっていた。これでは、鮭が遡上できない。

奥尻の漁師は言った。「あんたがた若い人たちが頑張って、こんな防潮堤つくらないようにな」。

島は、どこへ辿り着こうとしているのだろう。そして、わたしたちも、どこへ行こうとしているのだろう。

生存基盤を考える

一九年前にはじまった奥尻の復興よりも、この震災からの立ち直りは、よほど過酷な道程になるだろう。広範囲に及ぶ被害と、政治経済の低迷、さらには終わりの見えない原発事故の後処理がずっと続くのだ。だから、「経済復興」という地場だけに囚われれば、この立ち直りは失敗に終わるだろう。金銭の終始に明け暮れれば、収益率の低い海や山は粗末にあつかわれる。何度でも言うが、海や山といった生存基盤を失えば、三陸は持続できない。沿岸部の人びとが生のよりどころとしてきた海を、ここの暮らしから切り離さないことだ。

註

＊1 『蘇る夢の島！——北海道南西沖地震災害と復興の概要』奥尻町、平成二一年改訂版。

〈東北〉が、はじまりの場所になればいい

悼み

二〇一二年

ちょうど一〇年前（二〇一二年当時）。わたしが勤めていた、故郷の志津川図書館。海を望む松原公園の端っこに建てられた、大正モダンの雰囲気漂う白い洋館だった。かつて裁判所として使われていた建物は、板張りの床の上を歩くとギシギシ鳴った。あたたかい昼休みに、裏庭から防波堤沿いを歩いて志津川湾に浮かぶ椿島と竹島を眺めるのが好きだった。気に入りの職場だった。わたしの机のあった事務室の一階部分。うすぼけた白い壁を見上げると、天井との境目くらいのところにうっすらと線が見えた。それは、一九六〇年にチリ地震津波が残した波の爪痕だった。

この建物は、チリ地震津波で一階部分の天井まで浸水を受けたが、そのまま残して、わたしが勤め人になったころには図書館として使われるようになっていた。だから、津波が、その高さまで来ることは、知っていた。五一年前の津波の高さは、二・六メートル、そして四一人の犠牲者。町の誰もが知っていた。

二〇一一年三月一一日の巨大な地震と大津波。その直後には、いったいいま、何が起きているのか分からないまま、余震の続く東京の部屋で、ひとり混乱していた棚から飛び出した本が部屋中に散乱したまま長い夜を過ごした。南三陸の家族と、連絡はとれなかった。

　翌朝、日の出とともに飛んだマスコミ各社のヘリコプター。上空から映し出された南三陸の町は、一面沼地のようになっていた。愕然とした。何度も、空から映し出された三陸の映像や写真を見直した。そこにあるべき建物をひとつひとつ思い浮かべた。町の中心部に辛うじて外壁が残った公立病院とショッピングモール、結婚式場。毎日通った高校への通学路……何度も頭のなかで、故郷の町の復元を試みた。津波に飲み込まれた町のあまりにも凄まじい変貌、すべてが無くなっていることがうまく受け入れられない。自分がよく知っているはずの町の風景の記憶を辿ることができない。そして、ふと我に返って、はっとした。そうなのだ、すべてが無い、わたしが働いていた図書館も、消えていた。

　ニュースの見出しに「南三陸町一万人不明」の文字が見えた。人口一万七〇〇〇人のちいさな町なのに……。頭のなかがまっ白になった、身体の力が抜けたまま、へたり込んだあの日。

　その後、不明だった一万人は、波の引いたがれきのなかから、続々と生還した。けれども、多くの方たちが、帰らぬ人となった。遠く沖合に流されて、まだ見つかってはいない方たちも多くいる。その後、犠牲者の数字は、大幅に修正され、不明者もあわせると七九七人。犠牲者の数はいまも、毎週入れ替わっている。仮設住宅の建設、高台移転とプランは出されているが、働く場所と暮らしの機能を失った三陸の町々の人口流出は、いま、歯止めがきかなくなっている。

震災のあと、はじめて父の声を聞けたのは、一週間後だった。いつ途切れるとも分からない不安定な携帯電話の回線の向こうで、やっと、「元気だ」と聞こえた。消防団の副団長をしている父は、巨大な地震のあと、水門を閉めに海へ向かった。地震が起きたときに水門を閉めるのが、副団長の役割だったからだ。港の手前で、津波が町を襲うなか、父は消防士に助けられたのだった。「なんとか生きのこったんだ」と父は言った。そして、「俺を助けた消防士一〇人のうち、九人が死んでしまった」と言った。言葉を失った。生き残った一人は、雪の降りしきる冷たい海を一晩中泳いで、二〇キロ先の対岸に辿り着いた。奇跡の生還だった。津波のあと、わたしが一番最初に聞いた、あの日の話。世界で起こりうる、あらゆる壮絶が、あの日、三陸を襲ったのだと思った。けれども、その壮絶さの深度は、わたしが考えていた以上に、ずっと過酷で途方もないものだった。人びとを震撼させた原発建屋の爆発の光景。あれから一年を経たいまになっても、わたしたちは、依然として、一連の大震災の全貌を、正確に把握することができてはいない。

ようやく、三陸のがれきの山に足を踏み入れたのは、震災から二週間後だった。爆撃されたような、がれきの山々。凄まじい死者の数。手に入らないガソリン。配給されたソーラーパネル付きの懐中電灯。たったひとつの懐中電灯をたよりに、夕食の団らん。お風呂のない生活が続いた。普段、六人家族で使っているワンボックスワゴンは、後部座席のシートをすべて倒して、何枚もの毛布が敷かれていた。家の車は津波の犠牲者を運ぶための霊柩車になっていた。毎日、幾人もの犠牲者を、父は火葬場まで運んだ。家の近くに住んでいた弟の幼馴染みは、消防士だった。火葬場を探すのがやっとだった。凄まじい犠牲者の数で、満足に葬式さえだしてやれなかった。

夏は、とても辛かった。

「おら家《い》の初盆は、親戚親類、隣組もあわせて、三二人……」父が言った。お焼香できる家はまだよかった、避難所に漂うお線香のにおい。三陸は、血縁でできあがっているような村々のつらなり。この町に、大切な誰かを亡くしていない人は、ひとりもいない。傷ついていない人は、ひとりもいない。

悼み、痛み、傷み……。毛布をたくさん積んだ家の車、言葉すくなに安置所と火葬場を一日何度も往復していた父。会う人会う人、生き残ったことのうしろめたさを、どこかに抱えていた。

遠い東北、そして原発

新幹線で結ばれた東京と仙台はとても近いけれど、そこからさらに郡部へ接続するローカル列車は長い道のりだ。南三陸へ帰省するのに、うっかり接続時間を誤ると、気仙沼線は途中の小牛田駅で一時間も二時間も待たなければならない。大学に入って、やっと、混乱なく行き来できるようになった距離だった。

大学を卒業したわたしは、修士課程へ進学する端境期に仕事を持った。そのため、足掛け二年ほど、福島県の会津若松市で暮らしたことがある。ゼミへ出席するために、週に一度だけ、東京の国立市へ通学していた。会津若松から磐越西線に乗って郡山、そこから新幹線へ乗り換えて大宮、そして武蔵野線と中央線を乗り継いで国立駅までは、片道四時間といったところか。始発列車に乗れば、なんとか二時限の授業には間に合った。問題は帰り道で、夕方のゼミのあと、中央線が遅延になったりすると、たちまち途方に暮れた。新幹線の時間に間に合っても、郡山から会津若松への最終列車を逃して、途中の郡山で一泊するということが何度もあった。翌朝は仕事なので、そんなときは、郡山からの始発で、会津若松の職場に出勤しなければならなかった。寒い冬は、つらかった。

春先、まだ深い雪の残っている会津から、大学のある国立駅に辿り着いて、ふと駅前で顔をあげると、大学通りの満開の桜並木に白昼夢を見る思いがした。朝、会津のアパートを出たときは、凍った道路を滑らないように歩幅を縮めながら歩いてきたのだ。それなのに、いまいる場所は、春だった。いつまでも終わらない長い冬、道路脇に小山のように積もった雪がすっかりとけて無くなるのは、五月。東京と東北は、こんなに遠いのだと思った。いや、会津市内の雪解けはまだ早い。会津にはさらに奥がある。「雪の墓標」で知られる奥会津の昭和村。積雪は毎年二メートルを超える。「雪の墓標」とは、その冬を越せそうにないお年寄りのいる家の墓に、四メートルほどの杭をさしておいて、雪深くなっても、墓が分かるようにした標のことだ。奥山が、どこまでも深い福島。東京や大阪の面積の六倍、七倍と言ってみたところで、その広さの感覚と奥の「豊かさ」は、どうにも伝えられそうにない。

それにしても、この震災でつくづく思った。地続きなのに、「東北」はやっぱり、遠かった。震災直後の混乱のなか、新幹線の復旧を待たなければならなかったし、仙台から先の気仙沼線はレールが津波で流されたために、絶望的だった。ガソリンの給油も極度に難しかったため、車もバイクも使えない。そして何よりも、東京から東北をつなぐ道路は、原子力発電所の爆発で途絶してしまった。刻々とニュースの移り変わる毎日のなかで、どうやって一年を過ごしてきたのか、その記憶さえ定かでない。

原発事故と弟の苦悩

三陸の町で、弟は、父のあとを継いで農業をはじめた。かれこれ一〇年になる。減反政策で段階的に減らしてきた田んぼと黒毛和牛を二〇〇頭ほど飼っている。津波のあった三陸沿岸部は、広い平野の少ない中山間地と呼ばれる。国の農業政策は、減反以後の方針転換のなかで、東北地方での中山間地における、和牛のブランド化を推進してきた。八〇年代以降、いたるところでブランド牛が出現したのは、そのためだ。けれども、この一〇年は弟のような若い農業者にとっては、試練の一〇年だった。順風満帆にはじまった農業経営は、脆くも二年後から転落しはじめた。二〇〇一年に日本へ波及したBSE（牛海綿状脳症）問題で、食肉市場は一瞬で暴落した。数年を経て、ようやく立ち直りはじめた市場と、経営損失を消化しはじめていたところへ、さらに口蹄疫が襲った。市場は、また暴落した。市場の品質管理システムは、BSE、口蹄疫の検査をそれぞれ通過させるようになった。宮崎県の口蹄疫の終息に、やっと安堵していた。もう一度、立ち上がろうとしていた矢先の、原発事故による、放射能汚染だった。福島県のみならず、宮城県でも全頭出荷停止命令が出された。市場の暴落は、いまも続いている。検査システムは、BSE、口蹄疫、放射能の三重チェック体制になった。

震災後しばらくして、「俺、あと二年が限界だと思う」。弟は、電話をよこすたびに、言うようになった。「一年して、なんとしても食えなくなったら、家族守るために、福島の原発さ出稼ぎさ行く」。

すでに福島の農家では、市場の急落と出荷困難から、たくさんの原発労働者がでているはずだ。そのなかには、弟と同じような、年若い農業後継者がいるのだろうと思う。村の期待を一身に背負った大事な農業者を、こんなかたちで、絶望させて、一次産業にどんな未来が描けるというのだろう。

東北地方における「近代化」とは、一次産業で暮らしを立てていけるようになることだった。

寒冷地の東北地方での稲作は、寒冷地品種の改良と土壌改良がなしえた、近代農業の成果である。しかし、東北を覆いつくしていった区画された田んぼの風景は、経済成長のなかで挫折していった。どんなに高品質の農作物や家畜も、需要と供給のバランスを崩せば、農家の暮らしは成り立たない。有機農法で生産された付加価値の高い農産物は、比較的所得の高い層をターゲットに宅配で届けられる。けれども、大多数の農家は、農協やスーパーを通して、一般家庭に農産品を低価格で提供している。農産品は、加工食品ならともかく、生鮮食品となると、限りなく利ざやは低い。スーパーで一本一二〇円で売られている大根を農協に出荷した生産者のおばあちゃんが手にできる収入は、三〇円か良くて五〇円といったところだろう。一〇〇本売っても一万円にすらならない。

厳しいのは市場原理だけではない、感染の問題や、環境汚染、そして、この原発事故。騒動になった稲わらの問題。刈り入れた稲わらや牧草が放射能汚染によって、家畜の餌として使えなくなれば、それらはアメリカからの輸入に頼らなければならなくなる。農業資材の多くが輸入で賄われる時代になった。

いま、東北の一次産業は泥沼状態だ。福島から比較的離れた土地でも、真綿で首を絞められるような苦しみがずっと続いている。震災の余波は、これからも時間の経過とともに段階的に拡大してゆくだろう。

こうして、いま直面している一次産業の桎梏は、いまにはじまったことではない。しかし、原発事故による放射能汚染は、食物を食べて生きる人間の営みそのものを根幹から揺るがした。あるいは、近代農業技術によって連打された品種改良や、干潟干拓などの土地改良：環境とのバランスを極端に欠いた農業のあり方の限界も透けて見える。しかしそれでも、震災復興のマスタープランとして提示された一次産業構想は、大規模集約化とアグリビジネスの推進だった。被災地の、あの三陸の農漁村で、海と山がせめぎ合う、猫のひたいのような土地で、どんな「大規模農業」を展開するというのだろう。高台移転しようにも、土地が無くて困っているというのにこの震災を契機に、土壌や環境に負荷のかからない、市場のなかでうまく立ち回ってゆけるような、そんな夢のような「近代農業」というものが可能になるだろうか。いつも、ここまで考えて、天井を仰ぐ自分がいる。

けれども、わたしは思う。あの弟のような、不屈に努力してきた若い農業者が、この日本で農業を続けていけないのだったら、いったい誰が農業などできるだろう。

辺境屋[*1]の痛み

地方農村の一次産業衰退の一方で、かろうじて都市の景気がにぎやかだった八〇年代。「辺境」を観光資源にする村々の生き残りの戦略があちこちの自治体で巻き起こった。「地方の時代」と言われた。ばらまきの農業構造改善事業がそれを後押しした。

どこかに、その痛みの自覚がでてきた九〇年代のおわり。高校を卒業して、実家の町で暮らしていた頃、とりあえずの働き口にと、わたしは、農林課や教育委員会の臨時職を転々としていた。町で運営していた民俗資料館は一年限りの有期職で、結婚前の若い女性の貴重な働き口だった。こうして、臨時職員をしていると、たいていの若い女性たちは、短い期間のうちに結婚して、勤めを辞めてゆくのだった。

町のちいさな民俗資料館は、血筋の絶えた大地主の茅葺き民家を修復して九〇年代のはじめにオープンした。葺きの民家は、屋根を葺くだけで一億二〇〇〇万円。研修施設などを併設させて、ざっと見積もって一〇億円弱、農業構造改善事業の予算でできあがった。

村で唯一の文化施設だ。しかし、完成後の施設維持費は年間一〇〇〇万円ずつの赤字になっていった。「宮城の遠野」という借り物のキャッチで売り出したはいいが、観光客は年間一万人がやっとだった。観光客の来ない村。

毎朝、火吹き竹で囲炉裏を炊くわたしの乖離。都会から来る観光客を前に、引き裂かれてゆく「東北」の辺境屋。それなりに楽しい仕事ではあったけれど、そこに痛みは、あった。田舎に残されたわずかな演出の可能性。わたしは、あのとき、どの方角を見ていたのだろう。近代社会がつくり出したノスタルジーのなかで生きることのアンビヴァレンツ。年若い女性の自分に課された、辺境屋コンパニオン。いや、あの村に、あのとき、別な可能性はあっただろうか。俄には、思い浮かばないのだ。

ノスタルジーを売りに打って出た村と、超大ハイテク産業に手を染めた村。「ふるさと施設」と原発。それはたぶん、辺境屋の痛みがどこかに巣食っているという点で、表裏一体である。

八〇年代のおわりにピークを迎えた箱もの「ふるさと施設」は、遠野のような元祖ならいざ知らず、九〇年代のおわりには、設備維持や運営費がかさみ、赤字財政のなかで、その後の町村運営の足かせになっていった。高齢化社会を見込んではやくから福祉政策に舵をきった自治体は、それほど多くはなかった。ばらまき公共事業に数十億レベルの投資をしても、直接的な経済活性化とは距離のある医療の充実や介護に積極的に乗り出せてはいなかった。気がつけば、赤字の「ふるさと施設」と年寄りの村になっていた。いや、もっと正確に言えば、地方農村の九〇年代は多国籍化し、「ふるさと」の選択から離脱していった。

震災後、頻繁に南三陸へ帰省するようになったわたしは、五歳になる姪っ子を、毎朝幼稚園バスの停留所まで見送りにいく。いつも停留所で、一緒に見送る姪っ子の幼稚園友だちの母親は、中国からのお嫁さんである。あるいは、今年小学二年生の甥っ子。少子化のすすんだ農村部の小学校は一クラスで十数名が、同じ教室で勉強している。そのうち、三名くらいは、やはり、母親が中国や韓国からのお嫁さんである。わたしの身の回りでは、九〇年代から見られるようになった国際結婚。二〇〇〇年代に入っても少しずつ増えていった。農村部だけではなく、漁師町の国際化はさらに進んでいる。そして、海外から日本の農漁村へ嫁いだ彼女たちが出産を終え、子どもが学齢期に到達し、学校に集まった子どもたちの姿を見るようになって、わたしは、その数の多さを実感したのだった。かつて、都市へむけて大量に人口を送り込んでいた地方の村々は、いまや枯渇し、村は自ら、村の存続のために、海外から女性を迎える時代になった。

覚えているだろうか、原発事故のあと、福島県南相馬の酪農家の男性が「原発さえなければ……」とベニヤ板に書き残して自殺したことを。亡くなった男性の妻子は、原発事故を受けて故郷のフィリピンに一時帰国していた。あるいは、亡くなった原発労働者の男性の妻が、やはりタイ人女性だったことを。

かつて地方は、大量の労働者を東京へ向けて送り出していた。戦前には、歯止めのきかない人口増加の打開のために、植民地支配へ乗り出したほどだった。新天地を海の向こうへ拡大したほどに、この列島は喘いでいた。しかし、いま、枯渇した村には、もはや都市へむけて大量の労働力を送り出す力はなくなった。地方だけではない、東京さえ、いまあるだけの人口で食っていくことが精一杯の時代になった。人口八〇〇〇万人の時代がやってくる。二〇一一年三月一一日は、はじまりの日になったけれども、津波の被害と放射能汚染がめくり上げていった地方の姿は、細部まで素描される必要があると思う。もうすこし、地方の村のありようを知ってほしい。

辺境屋の痛みの自覚、その向こう側

はじめに断っておくと、「辺境」という言葉の響きが差別的なために、何かとても皮肉な印象になってしまってはよくない。「辺境」を売りにすることに、幾ばくかの痛みを感じながら村の行く末を考えた先に、今度は「辺境屋の痛みの自覚」が芽生えてくる。とりあえず、ここでは、そんな風にいっておくしかない。ここでの「辺境」という言葉は、好

む と好まざるとにかかわらず「中央をまなざしてしまう自己」とでも考えてもらえればいい。自分のいる場所を「まん中」と捉えられる人は、田舎にいても、辺境屋にはならない（なれない）。しかし、少なくとも、八〇年代、九〇年代の地方の町づくりを見る限りでは、どの町も、やはり依然として「辺境屋」であった。

数は少ないながらも、その痛みの自覚のなかで、村づくりをしていった土地がある。ひとつ事例をあげるとすれば、福島県の飯舘村がそれにあたるだろう。人口六〇〇〇人の村だ。飯舘村は、自らその痛みを受け入れる覚悟を決めた村だった。いや、もっとも、こんなふうに簡単に言葉では言えるけれども、その新しい村づくりを実際に動かしていくには、相当の困難があっただろうし、わたしたちが『までいの力』を読んで、村を羨むほど、村の暮らしは容易くはなかったと思う。しかし、それでも、多くの自治体が「ふるさと施設」の観光誘致という、外からのお金に淡い期待を寄せたなか、人口六〇〇〇人という、ほとんど税収さえおぼつかない飯舘村が、村民の「までい」な暮らしぶりに目を向けていったことは希有なことだった。わたしの故郷などでは、ほとんど言葉さえ知らないであろうが「イクメン」（パパの子育て）の制度を導入して、男性職員に育児休暇を義務づけたことや、「若妻」をドイツ研修へ送り込むなど、従来どおりの村の規範からすれば、そのひとつひとつの政策を成し遂げるのは、とても難しかったに違いない。飯舘村は、村社会の良いところはそれなりに残して、村の暮らしの不便なところは、外国からの知恵なども導入しながら、村の人びとが知恵を寄せ集めて、モダンな「までいライフ」を作り上げていったのだった。「真手《まで》＝ていねいに、心を込めて」という、この土地の方言を村是に掲げたところには、借り物のスローライフやエコライフを凌ぐ、村で暮らす人たちの納得があった。行政政策を方言で推進できることは、辺境屋の痛みの、ひとつの打開策かもしれないとさえ、大袈裟にも思った。

農業に従事し苦しんでいる弟を横目で見ながら、どんな一次産業のあり方が可能なのか、そのいくつもの光が、飯舘村にはあった。

だからこそ、いま起きている放射能汚染のなかで、飯舘村が計画的避難区域になり、家族がばらばらに離散してしまったこの現実に、堪えられない絶望感がある。喉から手が出るような莫大な公共投資からそれなりの距離をおきながら、自立を目指してきた村が、原発事故と一緒に汚染されてしまったことに、どうしようもない悲しみが走る。農村の暮らしの戦略にひとつの光を与えてくれた村に、どうやって、地方の農漁村は寄り添えるだろう。飯舘村だけの危機にしてはいけない。

本土と地続きでありながら、「正史」に接ぎ木され、自己の歴史を遡れないような時間的断絶を有する土地を、仮に〈東北〉と呼んでみる。〈東北〉は南北に宗主国と植民地、さらに東西に資本主義と共同体社会の狭間に位置する。こうした資本と権力の地勢図にあって、〈東北〉は、その身体を引き裂かれるような鋭い尾根の突端に位置する。もっと言ってよければ、ここは資本と権力をめぐる加害と被害が往来する土地でもある。だが、〈東北〉が置かれている場所を、底のない絶望と結びつけるつもりもない。あの震災と原発事故のあとで、この土地をあえて「植民地」と呼ぶことも、よそよそしくなってしまった。だから、ここでは「植民地」とも呼ばない。ここは、依然としてフロンティアである。この奇妙な地勢図のなかに位置づけられた〈東北〉から、新しい社会の仕組みを見いだす手だてを見つけたい。〈東北〉が、はじまりの場所になればいい。

いま言ってしまえば、とても悠長に聞こえてしまうのが怖いけれども、汚染された土と海を生きられる土地へ回復することが何より大事だ。たとえ、どんなに長い時間がかかっても。すくなくとも、これからの「東北」にとって、回復はとても重要な課題になる。だからたぶん、これからの「東北」は、東京を見てはいられなくなる。ここで、東京／東北論を語るのは、すこしお門違いなのかもしれない。けれども、大震災のあと、機能を失った東京のなかにいて、東京が、とてもちいさくなったと感じる。ひょっとすると、すでに東京は、在りし日の「東京」ではなくなっているのかもしれない。もっと言ってしまうと、東京のなかの〈東北〉がどんどん膨張してゆくのかもしれない。東京の〈東北〉化。都市は、文字通り、地方から流れ出た膨大なエネルギーで成長してきたのに、その地方が、いまや枯渇しているからだ。いきおい、海外へどんどん打って出るという方法もあるのかもしれないが、「これからはグローバリゼーションだ」と煽られても、故郷がこんなに傷ついたあとで、負け戦をしに行く気にはぜんぜんなれない。黙っていても、地方の農漁村は、これからますます多国籍化する。村のなかに関わりを持つ人びとのなかで、多様な知恵を織り交ぜての、別様な〈グローバリゼーション〉をしてゆくのかもしれない。

震災から一年を経て、故郷も、やっと動き出す気配が感じられる。長い一年だった。被災地に残った人びとは、流出する人口に歯止めがかからないことに、腹をくくった。仕事もないけれど、残った人間で傷ついた故郷を立ち上げるしかない。「こんな田舎だけれど、あたらしい暮らしのあり方を、みせたい」と語ってくれた人もいた。復興は、被災地に住んでいる人たちの知恵だけではたりない。「震災のあと、とにかくいろんな人たちが、この町に来てくれるようになった。いろんな知恵を持ちよって、学生たちが真剣に、この田舎のことを考えてくれて、なかにはほんとうに素晴らしい提言をしてくれる若者もいる。少し前までは、そんなことを望むべくもなかった田舎だった」。絶望の度合いは深いけれども、町はとてもちいさくなってゆくけれども、これからが、正念場なのだ。

そして、たぶん、これから三陸沿岸が復興してゆく進度と、福島の回復には目に見える差が出てくるだろうとも思う。とりあえず、いまわたしは三陸にいる。海沿いの被災地が一段落してきたら、いつでも、福島と手を携える準備をしよう。そして、福島の苦悩を共有することが、〈東北〉の困難の問題点を暴き出し、あたらしい東北地方へ進んでいくための道しるべになるのだから。

註

＊1 「辺境屋」とは、詩人黒田喜夫の言葉である。黒田喜夫「詩は飢えた子供に何ができるか」『詩と反詩――黒田喜夫全詩集・全評論集』勁草書房、一九六八年。

ポスト311課題先進地から考える、もうひとつの社会構想

二〇一四年

被災地の困難

二〇一一年三月一一日の東日本大震災から、二〇一四年で四年目に突入する。しかし、被災者の生活再建事業は、困難をきわめている町の再建事業についてはどこも遅れが目立つ。(二〇一四年一月の復興庁のデータでは、復興住宅の整備事業が完了したところは宮城、岩手の二県で一%である)。加速させなければならないのは被災者の暮らしの立て直しと、地域内での雇用創出事業なのだが思うように進んではいない。被災範囲が広いこともあり、資材と人材の不足のなかで、軒並み工事費が高騰している。にもかかわらず、どこも海岸線の防潮堤整備から着手しているような有様だ。いや、そのスーパー防潮堤工事も、用地取得の困難と、入札不調で流れ続けているという状況である。津波に周期性があることが知られているが、復旧事業の加速に負荷をかけ防潮堤をまっ先に築こうとする計画の着工手順にも大きな問題があることを指摘しておきたい。また、三陸沿岸部(とりわけ宮城県北から岩手沿岸)は、主要な生活道路が国道四四五号線なのだが、そのただひとつの生活道路を、一般の車のほか、流出したJR気仙沼線などのBRTバスなどの公共交通に加え、毎日数百台という数のダンプカーが往来している。忙しい工事で、ただでさえ交通事故も多発しているのだが、この冬は大雪の影響などで交通状況の悪化に拍車をかけた。朝と夕方の渋滞もすさまじい。早く進めたい再建事業とのジレンマのなかで、日々の暮らしのストレスも限界に達している。

こうした被災地での再建事業の不調原因は、現行の法律が足かせになっていると感じる。平成二四（二〇一二）年度から段階的に災害法は改定されているものの、日本が依然として戦後の途上国だった時代の法律の下で、今次災害も対応しているということだ。いくらなんでも無理があるだろう。災害対策基本法が制定されたのは、一九六一年のことだ。経済成長前夜、日本中がまだインフラの整っていない時代のなかで作られた災害復旧事業のための法律である。日本はその後、人口と所得が激烈に増え、都市が肥大していった。二〇一二年の政権交代後、当初一兆円だった復興予算は、二五兆円に増幅された。被災地に関係ないところでも使われ問題になっているが、縮小化していく日本の身の丈をわきまえないと、このしっぺ返しは自分たちにそのまま借金と〝増税〟で降りかかってくるのだということを、よもや知らないわけではないだろう。あえて、申し上げるが、被災地の当事者が復興予算を増やしてくれといっているわけでは必ずしもない。山を切り崩し、海をコンクリートで埋め尽くす開発事業然とした復旧事業に対して、被災当事者らが戸惑っていることも事実だ。そして、現場で復興事業に当たっている行政職員も、復興計画が描いている故郷の町の変貌に「ほんとうにこのままで大丈夫だろうか」と不安を隠しえない。つまり、日本社会の状況は、人口減少、市場縮小に向いているにもかかわらず、被災地での復興事業は、高度経済成長期だった一九七〇年代並みに着々と「拡大」へ向けて進んでいるというチグハグな様相なのである。繰り返すが、身の丈に合わない復興事業の後の冷え込みが、とても怖い。短期間で莫大な公共事業投資を行った後、産業や雇用状況が改善しなければ、事業が引いた後の落ち込みはすさまじいだろう。見かけばかりの「復興宣言」がなされた後で、三陸沿岸の自治体が破綻したというのでは、二五兆円の復興予算は無に帰すことになりかねない。ポスト311の日本再生が、破綻で幕開けするなど考えたくもない。被災地における立ち上がりは、町の規模を小さく計画することしかないように思う。しかし、例えば宮城県南三陸町の復興計画は、旧中心市街地を六メートルから一〇メートルをかさ上げし、商業ゾーンや広大な公園をつくり、高台移転の中心部については、三つの団地型の町を分散してつくり、その三つの団地町を道路でつなぐという設計になっている。もっと分かりやすく言えば、商業ゾーンを残した旧市街地と新たに造成した高台の町の「ふたつの町」が形成されるということになる。つまり、人口流出と税収減のなか、震災以前よりも二倍の規模の町を運営しなければならなくなる、という感覚だ。

南三陸町役場の財政担当者らへのヒアリングでは、「正直、この復興予算を使わずに、後々の町づくりのために貯金しておきたい。しかし、現状ではそのようなことができない仕組みだ。期限付きの予算は、余らせれば返還することになり、それはそれで仕事をしていないと看做され、町民に批判される」と重い表情で話していた。南三陸町の昨年度の町税収は四億円だった。震災前年の税収は一〇億円程だったから、実に六割の税収減ということになる。これでは公立病院や小中学校の運営さえおぼつかない。主たる雇用先もない以上、農林漁業といった一次産業基盤の小さな町では、町税として収められる額は、今後も多くを見込めないだろう。何よりも、仕事がないため、働き盛りの若者は流出し、高齢者が多数を占めている。今後もこの傾向は、止まらずに加速するだろう。先の役場職員の言葉も、そうした背景を考えれば、復興予算の多くを基金化してしまいたいというのも頷ける。町の運営そのものが困難になってしまうからだ。また、今年から段階的に、復興公営住宅への入居がはじまる見込みだが、小さな町役場で、膨大なアパート経営をはじめることになる。仮設住宅は無償だったが、公営住宅には家賃が発生する。入居者の大多数は、高齢者や独居の方々だ。やがて、空き部屋も増えてくることだろう、そうした歯抜けになった空き部屋へ新しい入居者を入れてゆくことができるかどうかさえ分からない。さらには、戸建ての自立再建のみならず、公営住宅への入居さえ決めていない被災者も全体の二割ほど存在するという。彼らは、将来の住処を決めかねていて、このままいけば公営住宅へ移ることもできず、そのまま仮設住宅で暮らさざるをえないという人びとである。それが、全体の約二割存在するのだ。いま、被災地で起こっていることをひとつ一つ検証すると、その課題はかなり深刻で、多岐にわたっていることも分かってくる。しかし、こうしたひとつ一つの被災地の課題は、決して被災地固有の問題ではないということを強調しておきたいと思う。被災地は、日本社会の課題先進地である。災害・環境リスクや人口減少、雇用問題、少子高齢化、貧困といった、日本社会が抱える社会課題が極限まで色濃く出ている場所にすぎない、という点を確認しておきたい。

いま東北の被災地で起きている問題は、やがて、日本中が抱えることになる（あるいはすでに抱えている）課題なのである。

もうひとつの社会構想

震災四年目を迎えようとする、この二月の一か月間だけで、わたしは南三陸でふたりの自殺者の話を聞いた。いずれも仮設住宅へ住まう三〇代から四〇代の働き盛りの男性である。あの巨大な津波から生還したにもかかわらず、思うように仕事を得られず、先行き不透明な将来を悲観した死だった。阪神淡路大震災からの学びのなかで、震災後二、三年という時期は、自傷、他傷の数がピークに達するということや、アルコールの摂取量、家庭内でのＤＶ（ドメスティック・バイオレンス）が増えることは早くから指摘されていた。そうした不慮の事故や死を防ぐために、仮設住宅の見回り隊やケアも投入しているのだが、現実はとても厳しい。「結局、お金のことなんだよね。満足な仕事にありつけないのに、借金ばかり増えていく。周りもみんなお金で困っているから、誰にも相談できない」そんな話も聞く。結局のところ、メンタルケアだけでは対応できないところに自殺の理由は広がっているのであり、地域社会が抱えてきた本質的な問題が解決されない限り、希望を持てない町のなかで同様の悲しい出来事が起こりうる。彼らの投げかけている死の意味は地域社会にとって、とても重い。先に述べたように、深刻なボタンの掛け違いが起きている。この地域が望んでいるのは、突貫工事の公共事業などではない。もちろん、必要なインフラは整える必要があるだろう。しかし望んでいるのは、巨大過ぎる防潮堤でもなければ、沿岸開発でもない。これまで取り組んできた農漁業や、町のちいさな工場の仕事を続けながら、家族を養っていける程度の暮らしを、生まれ育った町で維持してゆけることなのである。被災地での出来事が、ここだけの問題に見えるだろうか。これから、巨大な建設事業がはじまろうとする都市部でも、同様の出来事があちこちで起きるだろう。

〈東北〉や三陸が、もっと自信を持って将来の絵を描くことが大事であり、その実現が日本の課題である。いまのままでは、未来が見えない。

震災後、農林漁業といった一次産業をできる限り維持しながら、地域再建を図る必要があるだろうと考えてきた。それは決して、大規模経営を目指すような近代の大型農業などではない。ここでの農林漁業の維持とは、食うに困らないだけの生存基盤の維持であり、リスク社会のなかで生きるための安全保障であり、また社会保障でもある。一次産業の持続を、社会保障と同様の意味で、わたしは捉えてきた。土地や海と関わりは、かけがえのない生業である。近代社会は、そうした類のごく初発の営みを次々に捨て去ってきたのだが、その結果、わたしたちが対峙した現実は、磨耗した世界システムの危機と原発事故だった。そうであるならば、いま一度わたしたちは、生きるための「仕事」とは何で、社会をどのように構想したいのかということを立ち止まっても考える時期だと思う。みな、働きすぎではないだろうか。誰かが止める必要があるのではないだろうか。働きすぎとエネルギーの消費量は、比例する。人も社会システムも磨耗する。

わたしは、〈東北〉という場所を、単に東北地方という地域を示す意味だけで使ってはこなかった。〈東北〉とは、向こう側に中央があり、そこへ人や食糧やエネルギーを供給する辺境の別名である。そうした意味では、沖縄や水俣へも根っこではつながっているという認識だ。開発や近代化が遅れたため、この〈東北〉をいつしか「周回遅れのトップランナー」だという認識もしていた。しかし、三月一一日は、まったく事態を一変させてしまった。この列島の、どこに負荷がかかっていたのかをはっきり示したからだ。わたしたちは、生きられる世界をなんとしてでもつくる必要があるだろう。それは、わたしたちが譲り受け、生きてきたこの世を、子々孫々へ継ぐ大事な仕事である。

　個々が携わっていることはちいさな動きでしかない。それは、わたしにとっては、被災地へ学生を引率して、壊滅してしまった地方の町が困難を抱えながら再生を遂げる姿を、見守っているだけの仕事だったりする。あるいは、田舎を持たない都市で育った学生には、「自分の故郷を自分で見つけてください」と言っている。この〝ふるさと探し〟は、次なる災害に備えるために、サバイバルできる拠点を準備するためのリスクヘッジの方法でもあるのだが、都市から田舎へ向かって、近代が切り捨ててきた農林漁業に触れることも大事な学びだと感じている。土や海があまりにも遠くなっている。それが汚染されても、痛まない自分がいる。けれども、おそらく、そうした距離が３１１をここまで深刻化してしまったことは、誰もが気づいた三年間だった。

　とてもゆっくりな速度でしかないのだが、次のパラダイムはそこまで到来していると思う。

水俣を継承する
〈東北〉へ

二〇一四年

ひとの来歴が、ひとの存在そのものが、あとくされを抱えているのかもしれない。結局のところ、わたしたちの生が、人間の身のほどこし様そのものが、世界を破綻に向かわせるのではないか。〈存在〉とはそのような意味だったのだろうか。そう思うとき、自分自身が「世界の破壊者」でもあるということに気づかざるをえなくなる。

善かれと思うことでさえ、あとくされをつくりだすことに通じるのかもしれない。そうした困難な人間の生を、どうして生きればいいのだろう。思えば水俣は、そうした近代に生きる人間の、もっとも深い問いに突き刺さってきた土地だった。この逃げられようもない問いを、〈東北〉というさらなる辺境で、継承することになった三年間だった。自ら傷つきながら、世界を破壊し続けもする、この矛盾するふたつの人格を抱き、引き裂かれながら、この〈存在〉はこれからずっと続くのだ。途方に暮れる。

四年目の憂鬱

甚大地震と大津波、そしてあの悪夢のような原発事故から、四年目を迎えた（二〇一四年当時）。悪夢はいまもつづいている。津波被害で壊滅した南三陸の故郷は、二〇一四年からようやく高台移転がはじまる見通しだ。とはいえ、町が再生をとげるまでには、あと二〇年はかかるだろうか。いや、もっとかもしれない。地盤沈下八〇センチ、横ズレ四・五メートルに、故郷の亀裂を思う。その破壊や破綻や亀裂はあまりにも巨大で、見えないところへも広がっている。どこへも行き場のない精神的ストレスは極限状態だ。あちこちの仮設住宅で亡くなるひとが増えている。高齢者だけではない。この二月だけで、ふたりの自殺者の話をわたしは聞いた。東北のこんな田舎町で、あちこち自殺の話を聞くなんて。あの壮絶な津波から生還したというのに、その命脈はここまでだったのだろうか。何に負けたのだろう。試され続ける精神力。

「結局ね、金の話なんだよね。仕事が見つからなくて先は見えないし、借金抱えてどうにもならないし。みんなが困っているから、金の相談なんて誰にもできないし……」

誰もがとても疲れている、疲れ果てている。こうした死は、地震や津波がもたらした出来事だとしても、人間社会そのものが追いつめた死に違いない。こんな死の連鎖を止められない。もうわたしたちが生きているうちには、たどり着けないであろう原発事故の収束。

破綻へ向かう連鎖がドミノ倒しのように進んでいるというのに、止められない。それなのに、そんな毎日がすでに、無惨にも忘却されてゆく。忘れることは幸いかもしれない、でもそれは、あまりにもむごたらしい。今日も、すぐそこにある水俣が、そうであるように。

三月一一日から水俣へ

あの巨大な津波が故郷を襲った夜。わたしは東京の部屋で、家族と連絡のとれないまま不安夜を過ごしていた。八階に住むわたしの住まいも地震の揺れは凄まじかった。すべての本が本棚から崩れ落ちていた。揺れで飛んだ本棚の底板がぶつかったのだろう、机上に大きな穴があいていた。わたしは、崩れた本のなかに埋もれるようにして、どうしようもない時間を過ごしていた。深夜になっても南三陸の情報は何ひとつ得られなかった。すでにそのとき、南三陸の町は七割の家屋が壊滅し、中心市街地にあった警察署、消防署、町役場、病院……あらゆる機能を喪失していた。

崩れた本を棚に戻しながら、ふと、石牟礼道子さんの『苦海浄土』を手にとった。あの不安だった夜、読むことのできた、たった一冊の本だった。あのとき「苦海浄土」という言葉を、なぜだかお守りのように思った。自分の不安に手一杯で、そのわずか数時間後に原発事故が起ころうなどとは夢にも思ってみなかった。けれども、こうして地震をきっかけに起きてしまった出来事のひとつひとつが、わたしたちが生きる近代の帰結なのだということを、いまにして思う。そして、水俣につながっていったあの夜の出来事も、たぶん必然だった。震災の後、心身の正気をようやくとり戻したころ、水俣に、きっとわたしたちが学ぶことがあるに違いないと漠然と思っていた。四年目にしてようやく、わたしは水へたどり着くことができた。

最近知ったのだが、石牟礼道子さんは一九二七年の、三月一一日に生まれたそうだ。

真冬の不知火

一月末の不知火海《しらぬいかい》はとても穏やかだった。三陸の海を見て育ったわたしは、冬の海は険しい表情をしているものだと思い込んでいた。対岸に天草諸島を望む水俣湾が巨大な湖のように広がっている。不知火に浮かぶ常緑樹の島々は一年中深い緑だ。対岸の天草と水俣、芦北、八代と連なる海沿いの町々は環状島のように、不知火海を囲んでいる。この環状島は、いまも昔も、生きとし生けるものの連鎖でできあがってきた。

抱きかかえられた不知火には艶かしい海が静かにたゆたっていた。漁師集落の茂道。振り向くと、背後地には小高い山々がなだらかな傾斜をつくっていた。深い緑の山々に蜜柑の黄色が映える。まるで蓬莱の玉のようだと思う。浄土とは、きっとこんな土地なのだろう。この土地に住まう人びとが、ここに浄土を幻視してきたのも無理はない。海と山にかかわるひとのいとなみが風景になって、ここはほんとうにうつくしい。集落のあちこちに、恵比寿さんが釣り竿を携えて微笑んでいた。

そして坪谷《つぼたん》。土地の名前そのままに、風景が広がっている。海を取り囲んで家々が立ち並んでいる。かわいらしい海が中庭のようになっている集落だ。家々の庭が海になっている。もっとも、この家並みができたのは近代になってからだろう。海岸線を埋め立てて、かつて海だった場所に家々が立ち並んでいる。人口が増えて、海へ海へと人の暮らしの場が拡大していったのは、三陸も同じだ。昔は、あの家の窓から釣り糸を垂らす光景が見られたのだと教えられた。夏は子どもたちが、玄関先から海に飛び込んで魚を捕まえたのだろう。真夏の太陽の下で、子どもたちの笑い声がほんとうに聞こえた気がした。そんな幻視を抱かせるほど、水俣の土地はどこもおしゃべりだった。

「貧しい」という価値

この坪谷から、公式には第一号の水俣病患者がでた。浜辺りに住まう人びとには、対岸の天草諸島から、生きるために移り住んできた人びとも少なくないという。そうした水俣にとってのよそ者は、「天草流れ」といわれた。土地のなかに差別があった。海がこれほどまでに近ければ、魚が主食のようになって当たり前とも思える。しかし、そうした暮らしのあり様は、地域内の差別とともに「貧しいもの」とされるようになった。金のないことを「貧しい」という意味に結びつけていった思慮のない経済至上主義のなかで、地方の農漁村は敗北していった。こうした漁村集落を歩きながら「この辺りは、所得が低いんです」とさっくり説明されて、なんだか抵抗したくなった。

いつの頃からなのだろう、ここことは異なる場所の基準で、この土地の暮らしを形容しようとする。例えば善意で語られる「格差」という言葉も、使い方を誤ると、ほんとうに生きる姿を見失うことになるだろう。金の多寡の論理で農漁村を語ろうとすれば、そこのすべてが貧しいということになる。農漁村の生業が、そんなにも暗く汚いものに映るようになった近代とは、いったい何だろう。そうした価値観の錯誤の先に原発事故があることに気がつくときだ。〈東北〉の村で生まれ育った自分は、ここの言葉でない表現で、ここの土地を形容しようとする言葉に過剰に反応してしまう。どんなに善意で語られていたとしても、そんな言葉には、無意識の力関係が潜んでいるように思えるからだ。モノカルチャーに塗り込められた近代はむごたらしく、都市に一元化した世界をつくり出そうとしてきた。

もし、そこで表現される「格差」という言葉の内実が、都市並みに合わせることであるとすれば、都市同化主義でしかない。あるいは、チッソ同化主義でしかない。こんな坪谷の穏やかな風景を、金で買えると思うのだろうか。近代が使い古した言葉で、故郷を語るやり方から脱却できないものだろうか。たぶん、わたしたちが粗末にしてしまった、何の配慮も及ばない、そんな些細な言葉の羅列が、やがて巨大な亀裂をもたらしたのだ。

ここが第一号の水俣病患者を産み出したというなら、もうひとつの水俣は、坪谷からはじまるのかもしれない。もし、その土地が深い痛手をこうむって亀裂が激しいのなら、その傷むところが、はじまりの土地になるのかもしれないと、よそ者が勝手に思った。お前などに、水俣の何が解るのか、福島の何が解るのか、〈東北〉の何が解るのか、と聞こえる。ひととひとととの亀裂、誤解、わだかまり……とても苦しい。

創造的復興という、あとくされ

東日本大震災のあと、政府の復興構想会議では創造的復興という発想が提唱された。それ自体を、わたしは否定しない。しかし、内実は創造とはほど遠い。

〈東北〉というフィールドをテーマに研究をはじめて一〇年ほどになる。例えば、東北地方での電源開発は、明治後期の東北振興策からすで構想されていた。戦後になって、核の平和利用と地方振興が融合したともいえる。こうした〈東北〉の近代化への欲望は、やがて土建事業による広大な田んぼの風景と原発をつくりだしていった。震災後、こうした戦前の東北振興[*1]と、この震災復興事業が、わたしには時々だぶって見えることがある。高速道路や巨大防潮堤計画、沿岸部の開発ぶりは高度経済成長期に戻ったような様相を呈している。しかし、かつての東北振興策の一端が、一〇〇年後に、原発事故というあとくされを抱えたように、現在のわたしたちの選択や考え方が、思わぬ道を踏み出すことにもなりうる。水俣の戦後が、福島での帰結が、そうであったように。

この創造的復興は、一〇〇年後にどんな未来を託せるだろう。少なくとも、こうした復興事業が、三陸沿岸の「開明化／開発化」を正義とし、近代を標榜する古い欲望に支配されるなら、さらなる〈東北〉の敗北は明白である。「弱い場所」で生きていくには工夫が必要で、もうひとつの生きる価値を、そこに住まう人びとが見いだすことが大事だと思う。

しかし、現実の創造的復興は、これほど美しいリアス海岸の連なりを、コンクリートで埋め尽くすという、恐ろしく古い価値観で埋め尽くされている。三陸の人びとの生きる拠り所を消し去るのだろうか。なぜ、ここまで愚弄されても、三陸の人びとは黙っているのだろう。いや、声が切り捨てられてきたのだ。

苦海浄土、そしてのさり

水俣を訪れるまで、わたしは苦海と浄土をふたつの意味で捉えていた。それはつまり、地獄と天国とか、闇と光といったような、対語として。けれども、丘の上から不知火海を見て、それは違っていたと思った。苦海浄土は分ち難いひとつの言葉だった。それはそのまま「生きる」ことを意味していると思った。何よりも、豊饒な不知火海と生きることなのだろう。そして、水俣には苦海浄土と似たような意味で、「のさり」という言葉があることを知った。土地のひとは、「のさった」っていえば、例えば懐妊したという意味です。授かったという意味になります」と教えてくれた。そして、このひとは、苦難をものさったと表現した。苦しいことも、喜びも、海も土も、この土地ではすべてがのさりだった。不知火のコスモロジーをまるごとあらわしているような言葉は、カルチャーショックでさえあった。〈東北〉には、おそらく、運命を堪え忍ぶという意味の言葉はあっても、のさりにあたるような世界観が見つからないような気がした。それは、水俣にしかない、水俣が産んだ愛のかたちでもあると思う。わたしはそこまで考えてみてようやく、三月一一日の夜に、苦海浄土にすがったことの意味をすこし、自分なりに理解できたような気がした。

それにしても、わたしは、のさりという言葉の意味をほんとうに理解できるようになるだろうか。水俣駅前のチッソは、のさりというには、あまりにも巨大だった。そこには、無力という意味もあるのかもしれない。わたしはまだ、受け入れられそうにない。

近代社会が抱えてしまったもっとも重い罪は、受け入れられるべき生をねじ曲げたことではないだろうか。わたしは福島の少女たちが「将来子どもを産めないかもしれない」と語った言葉を聞いた。いったい、わたしたちの〈生〉はどこまでねじ曲げられてしまったのだろう。誤解のないように伝われば良いのだが、胎児性の水俣病患者は、最も困難な近代の問いを投げかけたと思う。わたしには、先天性小児まひの友人が何人かいる。けれども、胎児性水俣病患者は、例えば裁判における陳述がそうであるように、「水俣病がなければ健常だった」という前提を生きることになっている。ここにはない自分のあるべき生が向こう側にある。ここにあるこの〈生〉を、水俣の人びとは「のさり」という言葉のなかに、良いも悪いも懐に抱え込んだ。とはいえ、わたしには、まだまだ「のさり」の深度と奥行きは見えない。

明水園で、半永一光《はんながかずみつ》さんとお会いした。半永さんは胎児性患者として生まれた。石牟礼さんの『苦海浄土』の一番最初にでてくる、あの少年のモデルだと聞いた。半永さんにははじめて出会ったとき、わたしが感じたことを、正直に書こう。まっ白な、透き通るような肌の半永さんを、そのままにうつくしいと思った。それは、わたしが知っているような壮年をむかえる男性とはまったく違った風貌だった。こちらの話を、うんうんと頷きながら聞いて、その屈託のない笑顔はまぶしいほどだった。苦しい労働や煩わしい人間関係に疲れながら働くひとの笑顔とは違う。それが、社会生活と隔絶しているためなのか、超絶しているためなのかは解らない。

意思疎通が難しいと伺っていたが、こちらの表情を読みとって、見知らぬ訪問者のひととなりと空気を読んでいるのは、むしろ半永さんのほうだった。繊細な方だと思った。出版された写真集を、「あげるから持っていっていいよ」という仕草をされた。言葉にはならないけれども、はっきりと聞こえる「声」だった。お言葉に甘えていただいた写真集の表紙には、透き通った雲と深い碧の空が広がっていた。はじめてお会いしたひとのことを不躾にこうして書く自分がうしろめたい。

もうひとつの、のさり

わたしたちは、すでに近代という病を懐深く抱えてしまった。いくつもの分厚い壁をつくり、命のつながりを切断してきた。いま、福島の若者たちが水俣を訪れている。同じことを考えているのだと思った。水俣の人びと（むろん、すべての水俣市民がそうだとはいえないが）は、自分たちの経験の向こう側で、福島の困難がどこにあるのかを、すでに理解していた。〈東北〉のわたしたちはまだ、自分たちの固有の言葉としての「のさり」を持っていない。近代に対峙して余りあるほどの言葉を持たない。それはおそらく、依然として圧倒的な自然のなかで生きてこられたせいもあるだろう。しかし、人類史を震撼させるような出来事のあとで、それが「のさり」だと解るまで、気が遠くなるような時間を過ごさなければならないだろう。これだけは、自分の言葉のなかに見つけるほかないように思う。水俣は半世紀を過ぎて、ひとつの世代を越えようとしている。もうひとつのこの世が、見えるだろうか。南から北まで、膿みきったこの列島に、生ききることを。

註

＊1　東北振興の初発は、一九一三年に渋沢栄一、原敬らが結成した東北振興会。冷害による凶作や雪害、娘身売りなどが社会問題化し、東北地方の経済的底上げをはかることが目的だった。その後、国策会社として三四年に東北興業株式会社、三六年には東北開発株式会社が設立されることになる。

《転生》するブドリ

二〇一六年

はじめに

宮沢賢治の生年と没年が、それぞれ明治三陸地震と昭和三陸地震の年にあたっていたことは、東日本大震災以後、とりわけ知られるようになった。故郷の岩手のみならず、東北地方一円をくり返し襲った凶作、また一八八八(明治二一)年には福島県の会津磐梯山が噴火し、当時大磐梯・小磐梯という二つの山体をなしていた山麓は、小磐梯が崩壊し消滅するほどの威力で、山裾の集落をのみ込んだ。そうした自然災害の連続のなかで、地質・土壌学を盛岡高等農林の関豊太郎に学び、やがて、彼の物語が構想された。

鬼剣舞や鹿踊りが、当該地域の農民や漁師にとって、鎮魂の芸術であるのと同じように、宮沢賢治にとっての物語とは、田畑を切り開くことで生じるおおくの犠牲、とりわけ動植物や土地への鎮魂であり、食物をいただくことの無数の命への哀悼である。一切供養、草木成仏を生んだ法華経の教えは、やがて農民芸術へと昇華されていく。

本論では、同時代の言説空間のなかで、とりわけ「山びと」をめぐる同時代の議論と

「グスコーブドリの伝記」の発生について想いをめぐらせたいと思う。

グスコーブドリと《転生》の語り

「グスコーブドリの伝記」を手にとるとき、わたしのなかで、まるでコインの裏表のように呼び起こされる、もうひとつの語りがある。それは、柳田国男の『山の人生』の冒頭に出てくる、炭焼きの父親が鉞《まさかり》で殺してしまった幼い兄妹にまつわる、あの話である。

今では記憶している者が、私の外には一人もあるまい。三十年あまり前、世間のひどく不景気であった年に、西美濃の山の中で炭を焼く五十ばかりの男が、子供を二人まで、鉞で切り殺したことがあった。女房はとくに死んで、あとには十三になる男の子が一人あった。そこへどうした事情であったか、同じ歳くらいの小娘を貰ってきて、山の炭焼小屋で一緒に育てていた。その子たちの名前はもう私も忘れてしまった。何としても炭は売れず、何度里へ降りても、いつも一合の米も手に入らなかった。最後の日にも空手で戻ってきて、飢えきっている小さい者の顔を見るのがつらさに、すっと小屋の奥へ入って昼寝をしてしまった。眼がさめて見ると、小屋の口一ぱいに夕日がさしていた。秋の末の事であったという。二人の子供がその日当りのところにしゃがんで、頻りに何かしているので、傍へ行って見たら一生懸命に仕事に使う大きな斧を磨いでいた。おとう、これでわしたちを殺してくれといったそうである。そうして入口の材木を枕にして、二人ながら仰向けに寝たそうである。それを見るとくらくらとして、前後の考えもなく二人の首を打ち落してしまった。それで自分は死ぬことができなくて、やがて捕えられて牢に入れられた。この親爺がもう六十近くなってから、特赦を受けて世の中へ出てきたのである。そうしてそれからどうなったか、すぐにまた分らなくなってしまった。私は仔細あってただ一度、この一件書類を読んで見たことがあるが、今はすでにあの偉大なる人間苦の記録も、どこかの長持の底で蝕ばみ朽ちつつあるであろう（柳田、一九二五年）

殺害事件の記録というには、あまりにも情動的な光景にみちている。柳田の山びと論の世界に引き入れられる瞬間でもある。『山の人生』は、『遠野物語』に次ぐ柳田の前期思想が凝集されたあまりにも有名なテクストだが、飢餓の苦しみで二人の子どもを殺害してしまったこの男を特赦にしたのは、官僚時代の柳田そのひとであった。もっとも、この事件を「グスコーブドリの伝記」に重ね合わせることそれ自体は、わたしの思い込みではある。とはいえ、そうした思い込みを割り引いたとしても、ここに描かれた里の不景気と飢餓、心中のために大きな斧を研ぐ兄と妹の姿は、同時代に創作された「グスコーブドリの伝記」に連なる無数の山びとの、現実世界であった。だから、ネリとブドリは、西美濃の山中で殺された兄と妹の《転生》の物語として、彼岸と此岸の裏表の物語にもなりうるのだと思う。

日本社会が近代へ歩みを進めたその過渡期に、岩手という舞台から紡がれた物語は無数にあるが、一九一〇（明治四三）年に発表された『遠野物語』という村の事件史的世界と、宮沢賢治のイーハトーブの世界観が重なることは、まずない。しかし、同時代の山びとをめぐる言説空間と、岩手をめぐる人びとのつながり（例えば佐々木喜善や郷土史研究会）を辿るならば、宮沢賢治における狩猟や森をめぐる作品群と、稲作と飢饉をテーマとする作品群が、柳田の前期／後期思想へパラレルに呼応したとしても少しも偶然ではないだろう。

あるいは、西美濃で喪われた子どもが、イーハトーブという《常世》で飢餓を克服することは、宮沢賢治が固有に持っている《銀河世界》ならば可能なのである。柳田にとっての飢饉が、賢治にとっての飢餓と混じり合う交点のなかで、読者の自分は、西美濃の山中で死んだ哀れな子どもを、ネリ／ブドリへと《転生》させることで、幾ばくかの気休めを得たことは確かである。

山びとをめぐる現実世界と《常世》を回遊する不思議な想念は、「グスコーブドリの伝記」を、死んだ兄妹の祈りと供養の物語として浮上させたのだった。

イーハトーブと《常世》

山びとをめぐる同時代の議論をもうひとつ加えるとするなら、折口信夫の常世《とこよ》論である。例えば、次のような折口の議論がある。

過ぎ来た方をふり返るが国の考えに関して、別な意味の、常世の国のあくがれが出てきた。ほんとうの異郷趣味（えきぞちしずむ）が始まるのである。気候がよくて、物資の豊かな、住みよい国を求めて求めて移ろうという心ばかりが、彼らの生活を善くしてゆく力の泉であった。〔…〕彼らの行くてには、いつまでもいつまでも未知之国（みしらぬくに）が横たわっていた。その空想の国を、祖たちの語では、常世と言うていた。（折口「虹が国へ常世へ」、一九二〇年）

ここではひとまず、稲を携えた人びとが西から東へ移動する様子を想起してもらえればよい。しかし、折口によれば、この「民族移動」は常陸（現在の茨城県域）から先へ久しく伸びることはなかった、という。そして、「常世を海の外と考える方が、昔びとの思想だとするひとの多かろうということは、私にも想像ができる」と留保しながら、常世とは、時間はもとより空間を測る目安も異なる、「常世経く国」であり、「常世の義」、「異国の意」、「常暗の恐怖の国」を想像していた、と論じている。つまり、かつての常世とは海の外ではなく、まつろわぬ蝦夷の住まう「未知らぬ国」のことであった。折口によれば、小さな常世の国は、いたるところにあり、国栖、佐伯、土蜘蛛など山深くひき籠っていたのではなかったか、と言う。

法華経に由来する宮沢賢治のイーハトーブとは、折口の言葉を借りれば、「常世の国」である。この世にありながら「未知の国」であり、さらに「あの世」が入り混じった「まだ裂かれない世界」のことである。それは、グスコーブドリの生まれた、イーハトーブの大きな森のことでもある。

現実世界では、親は死にきれず、子どもは亡くなってしまったのだが、イーハトーブでは親が逝き、子を残した。また稲を携えた人びとが北上するのとは逆に、山から平地へとブドリは降りていく。寒冷地品種の改良は途上であり、オリザの山師がいた時代。依然として、北国での寒冷地稲作が難しかった時代の語りである。悲願は、オリザが「普通の作柄」になることで、かつて米を得ることのできなかった山びとのブドリは、確かに、自己犠牲によって、平地人を戦慄せしめたのだった。

農民芸術と祈り／鎮魂

東日本大震災で壊滅した宮城県南三陸町の水戸辺集落では、行山流鹿躍りが継承されている。土地の漁師がこの農民芸術をつないできた。集落の高台には「奉一切有為法躍供養也（いっさいのういほうおどりくようたてまつるなり）」と刻まれた供養塔が現在も残っている。江戸中期に地域一帯を襲った大飢饉によって、村が全滅し、その犠牲を弔うために鹿躍りを舞った。一切供養とは、この世の現象すべてを欠けることなく供養するという意味であり、そこに生物、無生物の別はなく、山も海も光や風も、その一切を供養するのである。

ブドリとネリの家族が暮らすイーハトーブの森とは、《常世》であり、無数の彼、彼女たちとイーハトーブの森をとりまく一切を偲ぶ鎮魂の物語であり、亡くなったブドリを《転生》させた、農民芸術そのものであった。

生産ナショナリズム以後と《呪われた部分》

二〇一八年

生産ナショナリズムと東日本大震災

もう記憶している人は、ほとんどいないかも知れない。

二〇一一年の東日本大震災直後、日本の自動車メーカーのほとんどが操業停止に追い込まれた。当時、東北地方には五〇〇社ほどの自動車部品のサプライチェーンがあったと言われているが、災害の影響で物流が止まり、部品を出せなくなったのだ。被災した工場も多くあり、この年の自動車メーカーの生産台数は、リーマンショックの影響を受けた二〇〇九年に続く深刻な低迷となった。バブル期と比べれば、生産台数が下降気味だったとはいえ、かろうじて日本経済の主力のように見做されていた自動車産業が、災害によるロジスティクス壊滅で、決定的な打撃を受けた。津波は、三陸沿岸を襲っただけではなかった。

東北地方における、自動車部品のサプライチェーンの構造は、極めて複雑で、その被災状況を自動車会社も把握できないほどだった。各メーカーの一次下請五〇〇社は、おおむね東北地方の背骨を走っている東北自動車道に沿って点在しているが、そこから部品が運ばれて、二次下請、三次下請、さらに四次、五次と内職化してゆく。四次、五次下請の行き着く村の小さな工場は（工場というより、民家の片隅で組み立てられているのだが）、津波被害にあった三陸沿岸部へといたっている。工場で働いているのは、農漁業を主な生業とする、幅広い年齢層の女性たちで、なかにはアジアからの「外国人花嫁」さんもいる。彼女たちが配線を組んでいる自動車部品は、主にワイヤーハーネスと呼ばれる電子コネクターである。自動車には、ハンドルやギアの信号を送る複雑な電子回路が組みこまれているが、この行程だけは、ロボットには頼ることができず、現在でも手作業で行われているようだ。

こうした、四次、五次下請の家内制手工業的サプライチェーンでも、上から降りてくる生産台数によってかなり厳格な部品本数を要求され、毎日決まった時間に集荷されるため、仕事はのんびりしているわけではない。安価な賃金で、部品の安定供給を課される一方、本社では、余分な在庫は一切抱え込まないような仕組みになっているから、正確な本数を、指定の期日にきっちり収められるかが肝要になる（部品が早くできたからといって、期日前に収めてはいけないのだ）。自動車の生産台数が多ければ、次々に下請に仕事は拡散していく。しかし、仕事量が減れば四次、五次といった下請は切り捨てとなるわけだから、末端になればなるほど不安定な経営となり、工場としての実態は薄れていく。つまり、自動車の生産台数が多いときは仕事にありつけるが、仕事がなければ、二ヶ月も三ヶ月も放っておかれ、その間は、農漁業の仕事をしている、ということになる（こういう仕事のあり方を、「半農半X」や「月三万円ビジネス」になぞらえるひともいるのだが、それはどうなのだろう）。

九〇年代以降、日本の自動車部品（主に電子回路）の組み立て仕事が、地方農漁村の副業となっている事実はあまり知られていない。「自動車製造」と聞いて、多くのひとはどんな光景を思い浮かべるのだろう。農漁村の片隅で、トヨタや日産の電子部品が内職で作られているイメージを持つことができるだろうか。

東日本大震災以前には、津波のあった三陸沿岸部の漁村でも、こうした家内制手工業的自動車部品のサプライヤーがかなりあった。四次、五次下請の工場で組み立てきれない部品が出れば、第六次下請へと近所の家に内職に出されるということになり、サプライヤーは複雑に広がっていた。もっとも、日本経済が右肩上がりのころは、こうした作業は中央に近いところでおこなわれていたのだが、自動車産業が斜陽へ向かうにつれて、部品の仕事は、より賃金が安価な「辺境」へ向かっていった。だから「ロジスティクス」とは、周縁化された安価な労働がリレー式で積みあげられ、都市で〈蕩尽〉される消費概念のひとつでもある。

とりわけ、自動車部品をめぐるロジスティクスは、賃金格差／落差に比例しながら、地方へと輸送距離を伸ばし、複雑にネットワーク化していった。いわば、戦後日本の経済戦争が末期をむかえ、総力戦ロジスティクスが展開されている末端が、三陸沿岸部だったとも言える。

大津波の後に廃業した三陸沿岸部のサプライヤーは少なくないと思われるが、こうした家内制手工業的自動車部品工場も、やがて、別な仕事の形態に置きかわって消滅するのだろう。近年の日本の自動車産業の度重なる不祥事は、もはや、こうした仕組みでさえも維持できなくなってきていることの証左でもある。

東北地方へ自動車部品のサプライヤーが集中的に置かれるようになったのは、一九九〇年頃のことで、それほど昔ではない。自動車需要は、九〇年以降減少に転じており、バブル崩壊と軌を一にしている。もっと言ってよければ、自動車の生産ナショナリズムが終焉をむかえるのと同時に、日本国内のより安価な労働賃金でまかなえる東北地方やアジア、南米といった海外に拠点を移管されたに過ぎない。そうしたポスト工業化時代のリアルな姿が、大震災によって思いがけず可視化された、ということだ。斜陽産業が中央から地方へ移管される事例については、岩本由輝が『東北開発120年』(刀水書房)で指摘している。例えば、一九八〇年代に、財閥企業などの上層部ではすでに日本での採算が不可能と判断されていたアルミ精錬事業が、当時通産大臣だった田中角栄の仲裁によって、山形県の酒田市に新しく建設された事例などがある。実情を知らないままに当該の地方自治体は、「企業誘致に成功した」と考えるのだが、操業開始直後から不況に追い込まれていった。

自動車の生産台数は、一九九〇年の一三四九万台をピークに急速に下降し[*1]、日本の自動車メーカーは生産過剰に悩んだ。一九九九年には日産自動車が経営再建のためにカルロス・ゴーン氏をCEOに起用し、武蔵村山市にあった日産自動車村山工場を閉鎖した。二万人以上の労働者がリストラされ、仕事の一部は南米、中国、そして「東北」へと移管されていった。

余談だが、筆者の実家が三陸沿岸で、まさに自動車部品のサプライヤーをしていた。九〇年代のはじめには外注の内職もふくめ五〇人のほど女性たちが働いており、それなりに活況を呈していた。しかし、東京の村山工場が閉鎖された九九年の大晦日、我が家の家族会議で、社長である父親が「うちの会社も、村山工場と同じように潰れるかもしれない」と言ったのだった。だが、その心配はなかった。なぜなら、ここは「東北」だからだ。その後「なぜうちの会社は、あのとき潰れなかったのか」と、父に問うと「うちは、南米や中国とお友だちだから」という返事だった。もっとも、その時点ですでに先細っていた自動車部品の仕事の未来は見えていた。やがて、東日本大震災で町は壊滅し、細々と続けていたこの仕事を、父は廃業することにしたのである。いまは、田んぼ仕事をしている。元々、我が家は専業農家であるので、部品工場は、村の女性たちの働く場所をつくろうとして九〇年に父親がはじめたのだった。自動車と田んぼの仕事が、つぎはぎのように接合された子ども時代が影響しているのかは分からないが、わたしのなかでは、コメと自動車は、日本の生産ナショナリズム時代のシンボルであると同時に、豊かさと貧しさを攪乱させる《呪われた記憶》を象徴するものでもある。

ちなみに、戦前から引き継がれていた食糧管理法が廃止されたのは一九九五年のことで、旧式のロジスティクス産業であった日本のコメ流通は激変した。コメ市場の自由化にともない、地方ブランド米の熾烈な競争となる一方で、競争から淘汰されたコメの米価は底を打っている。かつては、コメの価格で生活保護の基準額が決定されていたのだが、その指標が完全になくなったのも、この頃である。

メディアの逆流と一次産業

冒頭では、戦後日本経済の切り札だった自動車産業が、ポスト工業化時代にいたって、中国や南米地域も含むかなり複雑なロジスティクスの連携で成立していることを、とりわけ東日本大震災で露呈した、地方における自動車部品供給の仕組みから観察したが、あの震災は、メディアの逆流現象と、もうひとつのロジスティクスを生み出していた。

ここでは、東日本大震災以後、被災地支援をおこなっていた若手が立ち上げたＮＰＯ法人東北開墾（以下、東北開墾）を事例として、逆流するメディアともうひとつのロジスティクスについて考えてみたい。

二〇一一年三月一一日。想定外とも言われた大津波の影響で、三陸沿岸部の漁港設備や漁村集落が壊滅したことは周知の通りである。東日本大震災（二〇一一年）と、しばしば比較対象とされる阪神・淡路大震災（一九九五年）との大きな違いは、当該被災地域の産業構造である。端的に言えば、阪神・淡路地域は都市部であるのに対し、東日本大震災で被災した三陸沿岸部のかなりの部分が一次産業基盤の地域であり、田畑の塩害、漁船や養殖設備の被害が大きく、被災者の農漁業からの離脱が懸念された。さらに、福島第一原子力発電所の事故に及んで、福島、宮城、岩手の被災三県のみならず、ホットスポットとなった関東では千葉県柏市、栃木県那須市、さらには静岡県のお茶も出荷停止に見舞われた。海外への輸出も即座に停止となり、震災前、すでに風前の灯だった日本の農漁業は、もはや壊滅かとも思われた。

だが、世界三大漁場である三陸沿岸の復興が、漁業の再建と漁師の再生なしにありえないことは、誰もが気がついていた。もっとも、漁師の担い手不足の問題のみならず、魚資源の枯渇問題など、震災前から抱えた課題は山積しており、津波で船を失ったことをきっかけに、そのまま漁師を廃業した家々も少なくなかった。

三陸とロジスティクスにかかわるものといえば、魚もあるが、まだ暗いうちに水揚げされた魚は、冷蔵庫で氷詰、梱包され、築地行きの大型トラックに続々と積み込まれ東京へ向けて出発する。それが三陸の日常的な風景でもある。築地が休みの日以外は、毎日が荷出し作業である。こうした仕事も、震災直後は、船が流され、市場は壊滅し、完全に途絶えた。

東北開墾の初発の問題意識は、一次産業の吹き返しを図ることで、何よりも食の生産現場が、いまどうなっているのかを、都市で暮らす「生活者／消費者」に知ってもらい、食の現場について自分事として考えてもらいたいということだった。東日本大震災で都市部から「東北」へボランティアに向かった多くのひとびとが、それまでは想像もしなかった沿岸部の漁師の生き様や仕事を知ることとなり、こうした現場との出会いが、端的に一次産業への関心をつなげていけるかもしれないという期待があった。また、南海トラフや東京直下型地震という、引き続く災害が予測される状況で、東北の生産者と結びつき、同じ土からできた野菜を共食するつながりは「もうひとつのふるさとを発見すること」であり、災害多発列島で暮らすわたしたちのサバイバル実践を東北からはじめたい、という思いもあった。

「「都市と田舎は従姉妹」であった」と語ったのは柳田国男だが、田舎はつねに、都市の後見として、食やエネルギーを支えてきた場所でもあった。原発事故以後、「東北」へ投げかけられた課題は大変重たいものだった。メディアはつねに中央から流れてくる消費情報で、消費社会の価値観のなかで劣等意識を持った田舎は、敗北していった。だから、東北発のローカル・メディアは「アウラ」——生身の人間の喜怒哀楽、いのちをつないでいく尊さや喜びの実——のともなったメディアを構想する必要があり、原発以後の絶望的な状況のなかでなお「人も、海も、土も、支えあって生きる社会」をメディアに盛り込めるかが焦点となった。これはこれで、ポスト工業化時代のもうひとつの物心崇拝の「呪い」を担ってもいる。

東北開墾は、二〇一三年七月に「世直しは食直し」を副題として『東北食べる通信』を創刊した。創刊号は、宮城県石巻市牧浜の岩牡蠣を生産しているUターン漁師の阿部貴俊さんを特集した。阿部さんは、牧浜の漁師の息子だが、仙台の高校を卒業し、東京の大手企業で二〇年働いた。震災をきっかけに家族を鎌倉へ残したまま、牧浜へ帰郷し、牡蠣漁師をはじめたひとである。一般的に、牡蠣は冬に食べられるイメージが強いため、七月の創刊号でカキを扱うのはハードルが高いと思われたが、岩牡蠣がもっとも実入りする完熟シーズンに消費者に届けたいという阿部さんの強い思いを『東北食べる通信』で引き受けることとなった。

『食べる通信』が創刊してから、しばしば「オイシックス」や「大地を守る会」と比較されることがあるのだが、『東北食べる通信』は生産者の物語がメインで、食べものはあくまでも付録の扱いである。編集部が伝えたいことは、何よりも土や海と向きあうという尊い生き方があること、農家や漁師の生き様の魅力、そして命をつなぐ営みに生活者／消費者も参画してほしいということだ。

もうひとつのロジスティクスと《呪われた部分》

『東北食べる通信』の読者は、二〇一八年現在一一〇〇人から一四〇〇人あたりを推移しているが、生産者が出せる食材の量に限りがあるため、会員数は一五〇〇人を超えることができない。日本の一次産業を変えたいといってもこれではどうにもならないわけだが、創刊以後、『食べる通信』を自分の地域でもやりたいという要望が出はじめ、二〇一八年現在では全国各地で三九紙の『食べる通信』が誕生し、日本食べる通信リーグが運営している。リーグと銘打っているのは、上意下達のフランチャイズやトーナメントではなく、各地域の『食べる通信』が切磋琢磨して、地域の魅力を発信してほしいという考えがあったためだ。それぞれにホーム（拠点）のあるプロ野球リーグを思い浮かべてもらえればいい。

もっとも、創刊したはいいが、それぞれの『食べる通信』の運営状況は、現在大変厳しい。『東北食べる通信』も例外ではない。もともと、野菜や鮮魚といった生鮮食品は利幅がちいさいため、大手スーパーの生鮮部門でも赤字があたりまえで、安価な生鮮食品を目玉に、菓子や加工品を多売することで経営が成立している。誰もが日常的に食べる野菜や精肉、鮮魚といった一次産品が高価格になれば、生活者の暮らしが成立しない。野菜や魚が必要以上に高価格で取り引きされてはいけない。だが、そうしたしわ寄せは、生産現場に覆いかぶさっており、農家のじいちゃん、ばあちゃんが少ない年金を田畑につぎ込んで、都市の人びとの糧を支えている、そんな光景が、日本の食をめぐる構図である。

さらに、最大の問題はやはりロジスティクスで、ご多分に漏れず、こちらも「クロネコヤマト問題」である。月額二五八〇円（当時）の『東北食べる通信』の経費の半分が、宅配業者への支払いとなる。生牡蠣などはクール宅急便の扱いで、さらに割り増しとなる。ヤマト運輸とは契約を交わし、もちろん比較的に安く配慮いただいているのだが、現状の宅配ブラック化を考えるなら、宅配費用も下げられない。

もっとも合理的なロジスティクスは、「地産地消」ということになり、『東北食べる通信』も出荷拠点の周辺、つまりせいぜいが仙台圏や盛岡などの地方都市をターゲットに絞ることができれば良いわけだが、会員の大多数は東京圏に集中している。依然として、圧倒的な購買層は東京一極集中である。一次産業をメディアとして地方から都市へ逆流させるという志はスタートしたが、課題は山積している。

リスク社会と《呪われた部分》

産業化社会は完成する前に消滅する、と言ったのはウルリッヒ・ベックだが、かつての大量生産・大量消費社会から、すくなくとも日本の社会状況が変化していることは、多くの人びとがお気づきのとおりである。経済成長期には誰もが夢見た自動車を、現在の若者は買わなくなっている。自動車が必要なときは仲間内でレンタルしている。家電、家具や洋服もレンタルである。可能な限り所有物を減らすライフスタイルも流行っている。持たない贅沢――ミニマムライフやエコライフの到来。あきらかに、これまでとは違った、あたらしい消費――消費という言葉も使いにくいが――の時代をむかえている。たくさん買って捨てる時代から、借りて返す時代――つまり、往復に宅配を必要とする時代――への背景には、捨てることに莫大な費用を必要とする社会になったこと、環境に対する配慮や、次々とあたらしいものを買うことができない非正規雇用の増大といった若い世代の貧困問題といった背景がある。近所のスーパーで購入するよりも、アマゾンやロハコで生活品や食料品をまとめて買えば割安で、自宅へ届けてもくれる。

また、原発事故以後に顕著になったのは、食の安全・安心をいかに確保できるかという問題であり、どこでどのように誰が生産したのかを開示する食のロジスティクス（トレサビリティー）の要望も強くなっている。近い将来、ニンジンやダイコンのひとつひとつに、

QRコードがついて、トレサビリティのみならず、生産者の人生がまるごと見えてしまう時代も到来するのであろうか。

『東北食べる通信』の創刊後、東北開墾のメンバーと、被災地域で活動している若手を集め、福島県南相馬市小高区でワークショップを行った。二〇一四年一一月だったと思う。あの頃、小高の旧市街地は、まだ帰還準備区域でゴーストタウンだった。この福島での話し合いのなかで、『水俣食べる通信』の創刊が決まった。編集長の諸橋さんは、福島でボランティアをしながら、水俣とつなげることをずっと考えていた。高度経済成長を突き進んだ日本の裏側が、どんどんあぶり出てくるような、そんな時間だった。

現状の一次産業をとりまく消費社会のシステムは、依然として「ポトラッチ」のように気前の良い、過酷な贈与になっており、その気前の良さは、このままだと農家や漁師を自滅させるほどである。そこで、ミドルマン（中間搾取）を除いて、直接宅配へと踏み切ったものの、新しい《消費》時代のロジスティクスは、さらなる《呪われた部分》のようだ。

エネルギー問題とともに、ロジスティクスの設計がうまくいけば、もう少し一次産業の世界に風穴があくかもしれないと、淡い期待もあるが、農漁業とロジスティクスの課題は、考えれば考えるほど、ほとんど人類学的なテーマを背負っていて、ジョルジュ・バタイユに引き戻されるような感覚になることがある。何に価値を置こうとも、どのような社会を構想しようとも、そこに「残虐な祭儀」は続くのかもしれないが、「従属的で意のままになる事物に還元しようとする認識が解消されない限り、われわれは認識の最終的対象に到達することはできないであろう[*2]」。そろそろ、バタイユも本来的な意味で読まれる必要があるのだろう。

その先に構想される世界は、やはり、いまわたしたちが生きるこの「近代社会」とは異なる本質の追求ということになる。それは石牟礼道子が生涯かけて語り続けたような意味での「今度、世紀が変わるとしたら、まったく異なる世紀が生み出されるといいな」ということの基底とつなげていくつもりだ。

註

＊1　近能善範＋奥田建裕「日本自動車産業の変貌——1991年代を中心として」、『経営志林』第四二巻二号、二〇〇五年七月。
＊2　ジョルジュ・バタイユ『呪われた部分』生田耕作訳、二見書房、一九七三年、九九頁。

精神の離散と祈り

二〇一八年

三陸世界から

結局、わたしたちは過去に生きた、無数の人びとの死を穢してしまった。土は、ひとのみならず、草木や動物、ほんのちいさな微生物の死の堆積なのだから、土地を汚すということは、過去から将来にわたって、命の根源を損ねるということになる。「田畑を損なってご先祖様に申し訳ない」というとき、その先祖の範囲は、ひとだけに限らない、かなり広い生きものの世界を意味し、ほとんど悠久の時間を遡るということになる。

「感覚が失われている」ということを、何度も思った七年だった。この一〇〇年ばかりのあいだに、決定的に「その感覚」を、しかも、それはすでに、とり返しがつかないほどの深刻さで喪われていた。

震災後、三陸沿岸の人びとが、災害多発の土地柄のなかで、どのように暮らしてきたのかを知りたいと思い、その痕跡をたどっている。三陸世界に育まれていた感覚の機微は、ここで生まれ育ったわたし自身がはじめて気がつくような、あるいはその「感覚の喪失」

のために、把握し難い世界観でもある。ノコギリの歯のように複雑に入り組んだ三陸のリアス式海岸は、絶望的なまでに巨大な環太平洋に面している。南米チリの地震が発端となった津波が、二四時間かけて到達するような、ほとんど想像不可能な天変地異さえ襲ってくる土地である。地震、津波、冷害、干ばつ、場合によっては大雪、あるいは海難事故……。文書に残された村の歴史のほとんどが、災害に関する記述で埋めつくされている。漁村も農村も、死に絶えてはいく度も刷新、再生してきたこともうかがえる。

あの大津波以後は、この土地の壮絶さ、ということにそれ以前よりもいくばくかは、切実に、想像できるようになっただろうか。漁師は、あの大海に、ちいさな舟を果敢にも浮かべて暮らしてきた。もっとも、三陸沿岸部の基幹産業が漁業と言われるようになったのは、船が動力化した一九六〇年代以後のことで、それ以前の暮らしは、田畑と養蚕や炭焼きと一緒になった百姓の生業である。

南三陸町戸倉に、水戸辺という漁村がある。細かいノコギリの歯のひとつひとつの入江で漁村集落が営まれており、水戸辺も四〇軒ほどの家々がちいさな漁港を囲んでいたが、七年前の津波で漁港周辺にあった家々はすべて流された。いまは、高台の二軒ばかりとなった。過去の津波の経験から、水戸辺には二〇メートルほどの高さの位置に避難用の丘がつくられていたが、七年前の大津波は、その丘にあがっても腰まで浸かるほどの波だった。

丘から、太平洋を一望できるちいさな平場に、「奉一切有為法躍供養也」と刻まれた供養塔が建っている。碑文の横に一七二四（享保九）年とあり、江戸中期の供養塔である。水戸辺の漁師は、行山流鹿子躍《ぎょうざんりゅうししおどり》を継承してきた。一時断絶していたものの、八〇年代に再興された。鹿子躍は、「墓躍り」とも呼ばれるが、毎年お盆に、集落の菩提寺である慈眼寺に奉納されてきた。慈眼寺も本堂が津波で流され、まだ再建の見込みはない。

供養塔に刻まれている「奉一切有為法躍供養也」とは、一切、つまり森羅万象を躍って供養する、という意味のようである。この世に生きとし生けるもの、大地も海も、あるいは石ころも、その一切すべてを躍って供養すると刻まれている。伊達藩の記録によれば、この供養塔が建立される二年前に、水戸辺周辺の村々がかなり深刻な飢饉に見舞われた。流浪、餓死者で「全滅」という文字が見える。大飢饉から二年後に、その壮絶な犠牲を供養するために、鹿子躍が奉納されたと推察される。

水戸辺の供養塔に刻まれている心性は、ひとがひとを供養するというのではない。鹿を被り、この世の一切に祈りを捧げずにはいられないという、切実な気配がある。天地が病んでおり、鹿が激しく飛び跳ね、まるで天地の絶望を転換するかのような躍りである。

いま、わたしたちが弔うのは、人間だけになった。とはいえ、あの甚大災害からの立ちあがりの過程で、つくづく感じていることは、人間だけで、この世界をつくることはできないということだ。土、海、空気、樹木、鉱物この世の一切のうごめき、そのバランスを欠けば、世界は壊れる。そして、人間だけの祈りを尽くしても、それはいかがわしくて、神には届かず、まだまだ足りないという、どうもそんな感覚さえある。海と生きる三陸の漁師はそのことを知っていて、津波が来たのは、ひとが驕っていたからだと考える。海を畏敬し、感謝しても、恨みごとは言わない。彼らは、風や光をこそ、祈るのだ。あの震災後、わたしが知る限りでは、たったひとり大地の痛みについて語った人がいた。

大地よ／重たかったか痛かったか／あなたについてもっと深く気づいて／敬って／その重さや痛みを知る術を持つべきであった多くの民が／あなたの重さや痛みとともに／波に消えて／そして大地にかえっていったその痛みに／今私たち／残された多くの民がしっかりと気づき／畏敬の念をもって手をあわす

宇梶静江さんは、アイヌの詩人である。

精神の離散

二〇一七年の三月と四月に、福島県内の避難解除準備区域のかなり広い地域での帰還がはじまった。解除される直前の富岡町と浪江町を訪ねたが、時間の止まった七年を垣間見ることになった。富岡第二中学校の体育館には、避難当時のままの物資の残骸が散乱していた。手入れされずに荒野となった農地には、フレコンバックが移動し、無尽蔵な数のソーラーパネルが敷き詰められていた。野生動物の処理場があり、できあがったばかりのホームセンターにはイノシシ用の捕獲ケージが売られていた。

避難解除後、原発事故前一万五九六〇人だった富岡町の（二〇一六年一二月現在の）町内在住数は三七六人で、帰還率は二％ほどである。浪江町も二万一四三四人だった人口は、（二〇一六年一一月現在の）町内在住数で四四〇人となっており、帰還者のほとんどが高齢者である。政府による帰還政策が布かれたことで、それまで原発強制避難者だった町外在住の町民の位置づけは、実質、自主避難者ということになった。

震災後、一緒に研究会を続けてきた富岡町出身の市村高志さん（とみおか子ども未来ネットワーク理事長）もそのひとりだ。市村さんは震災後の七年間、富岡町から全国へ散らばった避難者のタウンミーティングを重ね、福島から避難した子どもたちのいじめ問題等への発言も続けてきた。日本学術会議では研究会のミーティングを重ね、福島への「戻る」「戻らない」の二つの選択肢に加え、「第三の道」の提言をおこなった。それは、将来にわたって「戻る」「戻らない」それぞれの選択ができるまで、避難者を政府が支えていくという行政の仕組みづくりについてである。

この提言は、原発事故時、小・中学生三人の娘と息子を抱えていた市村さんにとって、原発が「安全」と言い切れない富岡町に「戻る」という選択は見出しにくいもので、しかし、将来は帰りたいという選択肢を残しておくためのものだ。富岡に帰還できない多くの家族は、この七年のあいだに、仕事の拠点が変化し、子どもの学校の問題などがあり、避難解除となっても簡単に帰還できるわけではない。富岡町が町民を対象にしたアンケートによれば、医療機関や買い物などの町の再建と、原発の安全が確保されていることなどが帰還のためには必須であることが分かった。町民の多数の意見である。しかし、政府は「戻るか、戻らないかを早く決めてほしい」「いつまでも待っていられない」という意見だ。昨年一一月から、富岡町では、指定廃棄物の管理型最終処分場の稼働がはじまった。原発避難しているあいだに、故郷の風景はどんどん変化している。

市村さんの東京での避難先が、わたしの仕事場の近くということもあり、時々一杯飲みながら、いろんなお話を聞いてきた。二〇一六年四月、富岡町が避難解除を発表した直後、市村さんは「本当は嫌だけど、俺は避難者であり続ける」といった。その言葉は、市村さんのこれまでの軌道を考えるなら、ありうるべき考え方ではあったけれども、改めて聞くと、大変にストレスの多い、前途多難な選択肢ではある。容易に思い浮かぶのは、そうした避難者に対する世間からのバッシングである。帰還政策が布かれたのに「いつまで避難者をやっているんだ」という声だ。だが、富岡町、浪江町への帰還率が示しているように、住民票を故郷に置いたまま、帰りたくても「迷い」が尽きない避難者は圧倒的に多いということだ。依然として原発事故のリスクは抱えているのに、事故の事実が霧散し、何事もなかったかのようにやり過ごすわけにはいかないだろう。

それにしても、今年は明治維新から一五〇年だが、原発の廃炉作業だけでゆうに一〇〇年かかるとも言われている。市村さんは、福島からの避難者として、国内移民の〈福島一世〉という情況を生きるということになる。近代一五〇年の歴史から考えるなら、それは途方もない歴史的時間を刻むことになるかもしれない。また〈福島の不条理〉からはじまるのか。一五〇年前、会津の人びとの近代が移民生活ではじまったように。

また一方で、避難解除になる以前のゴーストタウンで、たったひとり起業した南相馬市小高区の和田智行さんがいる。原発二〇キロ圏での起業には賛否が巻き起こった。原発事故後、和田さんの家族は、仮設住宅が準備できるまで一五回もの移動を経て、ついには生まれたばかりの子どものおむつを替えるのに、お尻さえ洗ってやれなくなった。福島県外まで退避したけれども、そこで愕然とするような差別を受けた。そして、「このまま後ろ向きに生きたくない」と、彼らは福島へ戻ったのである。小高区は、富岡や浪江よりも一年はやく避難解除となった。それでも、町がかつてのようににぎわいをみせているわけでは、もちろんない。

この七年、皆どれほどの苦闘を続けてきただろう。もう限界は通り越しているし、どうしようもないほど、疲れきっている。疲れた自分をなんとかやり過ごそうと思えば、精神を維持するために原発の話をしなくなる。一方、風化させまいと「意志」を貫いても、重たい問題、考え方が違うと言って拒絶され、挙句は自分がおかしいのではないかと思ってしまう。

「今、この地域を取り巻く現状を無視して成り立つ日常なんて、将来的に価値のあるものだろうか。誰かの望まぬ犠牲や、生まれ育った場所やコミュニティを破壊されその修復が叶わず死んでいくなんてことが許される社会がまかり通るなんて認められるのだろうか。少なくともその社会に「ありたい自分」は存在しない。でも七年も経つと、親は歳を取るし、子供は成長するし、風化は止まらない。いつまで抗えるだろう」。和田さんが、Facebookに投稿した言葉である。東京に、福島の声は届いているだろうか。自分の故郷がここにあって、ここに住んでいるのに「離散」している。この事態の難しさが、分かってもらえるだろうか。伝わっているのだろうか。

のさりを越えて

やがて、八年目となる。二年後には、東京オリンピックが開催される。「復興五輪」という奇妙な呼び名がある。オリンピックで被災地の困難や原発事故を覆い隠そうとしている、という議論がある一方、オリンピック後には、抜き差しならぬリスク社会の課題として、福島は再び浮上するだろう。廃炉や最終処分の行方もままならぬまま、オリンピックとない交ぜになってフタをされているが、全国各地の原発廃炉の予算についても、地域再建についても、恐ろしいほどの課題が待っている。そのときも、また福島は理不尽な非難に晒されるのであろうか。生きるに値する社会が、そこにあるだろうか。この七年はとても目まぐるしく、気になるいくつもの出来事があった。政治の現場では、なだれのように法案が通されて、あるいは廃止されていった。どれもこれも絶望的な気持ちになったが、わたし自身がもっとも危機感をもって受け止めたのは、二〇一六年七月に起きた、津久井やまゆり園での殺傷事件である。時間の経過は異なっているけれども、関東大震災のときの虐殺事件が頭を過った。戦後最大の殺傷事件は、死者一九人、負傷者二六人となり、メディアは容疑者の人格の特殊性に原因を求めた。医師からはパーソナリティ障害の診断が出された。しばらくして、容疑者の手記が公表され、容疑者の考える幸せの基準が「時間」と「お金」と書かれてあった。それは現代人のごく平凡なそれだった。この一〇〇年ばかりのあいだに、人びとは時計を持ち、鉄道が走り、分刻みで仕事をするようになった。「時は金なり」の価値観はますます加速化され、宅配便さえ数時間後に届くような奇妙な世界になっている。この事件は、大方が分析したような選別された遺伝子を残していく、という優生思想でさえなく、ごく平凡な近代的合理主義と、規格化された慣習社会で生きる個人が引き起こした出来事に思える。

また、東アジアの混迷する歴史認識の歪みのなかで、二〇一七年の一二月には宋神道さんが亡くなった。日本でただひとり名のり出た日本軍慰安婦は、七年前（二〇一八年当時）に宮城県の女川で被災したのだった。宋さんの自宅には、津波で流された船が突き刺さっていた。津波の翌年、わたしは宋さんが避難した先で、お会いする機会があった。ひょんなことから、わたしは、その小さな彼女の背中いっぱいに十数センチもあるだろうか、深い刀傷があるのを見てしまった。戦後、大陸から九州、そこから三陸まで、延々と北上してきた宋さんに、三陸は十分優しい土地だったろうか。そう思うと、自信がなくなる。背中の傷跡と宋さんというちいさなひとりの女性のことを、わたしは忘れない。そして、二〇一八年二月一〇日には、石牟礼道子さんが逝かれた。ひとはやがて亡くなっていくし、ひとだけを弔うのでないことを伝えていたのは、誰よりも石牟礼さんだった。原発事故以後の福島の内実のもっとも深い亀裂を予感できるのは、石牟礼さん、ただ一人だと感じていた。

この七年間に目の当たりにしてきたことを「のさり」[*1]だと受け入れるには、まだ日が浅いのか、覚悟ができていないのか、あるいは、本当に「のさり」として引き受けていいものなのか、もっと別な道があるのではないか。一切を躍り供養する土地から、この離散とのさりの彼方へ、必ず。

註

＊1　天草地方の方言で、「天からの授かりもの」という意味。水俣病患者の杉本栄子さんが「水俣病がのさった」と語ったことを、石牟礼さんは度々言及した。

苦海浄土と
三月一一日の祈り

二〇一八年

《無限》世界

砂浜の広がりと火葬場、葬列。避病院。水俣川河口の家、おもかさま、そして不知火海。みっちんが目撃した世界は、神のうちの子どもでなければ決して抱えることの叶わない無常――生き死に――の満ち満ちた《原風景》である。

アサリ、ハマグリ、白貝、さくら貝、ぶう貝、ツノ貝、イノメ貝、バカ貝、ニガニシ、真珠貝、宝貝、カキ、緋扇貝、ヨメガサラ、サザエ、スガイ、シリダカ、ネコ貝、コガネエビス、ウノアシガイ、ホーゼ、アワビ、タイラギ、鬼の爪、マテ貝、カニのたぐい、エビ、形も色も大きさも味もそれぞれちがう海のものをとる楽しさを何にたとえよう。

渚の豊穣さに目ざめたわたしは、「無限」という意味を納得し、渚の一員に自分が組み入れられている意味を全身に感じていた。干潟に立つと足下からも背後からも、生き物たちの呟き声や動く気配がみしみしみしと立ちこめていた。[*1]

日本海とも三陸の海とも違う。

こんなに穏やかな凪があるのかと思うほど、不知火は静寂で優しい海である。生きものの声がこれでもかというほど、みしみしみしと聞こえる。みっちんにとっての「無限」とは、自分と裂かれない無数の生きものの声やかたち、色である。

大人になった吉田道子は、ひとが殺すために殺した無意味な戦争を経験した。子どもの頃見た「無限」の世界とは異質の、やりきれない此岸の際で、晩年にはその身体に「パーキンさん」（パーキンソン病）を宿すこととなった。それは何の因果であったろう。やがて戦争が終わると、身体に憑いた病と石の群れを背負いながら、孤高に水俣病事件と対峙することとなった。それは、なんの宿命であったろう。彼女の言葉を支えたのは、無数の生きものたちと、生と死をつなぐ不知火の、あの「無限」世界である。石牟礼道子の作品は、「アレ共」――生きものの世界――と、いまここに生きるわたしのはざまを行きつ戻りつする。彼女以外には誰にも書くことのできない身体化された言葉は、水俣の産土となり、ものがたりや説話、伝説をともなって、必然的にこの近代に浮上している。そのジャンルに名づけできないわたしたちは、まだ追いついていない、読めてもいない。世界を引き裂いた深い淵が、近代をとり囲んでいる。こちらの世界を生きる者が、見ることも感じることもできない淵の向こう側に世界が広がっている。石牟礼道子とは、その断絶された世界と世界を往還することのできた、ごく選ばれたひとだった。近代社会がその表現を忌避した《生きものの世界》が描かれている。

二〇一一年。

三月一一日が、石牟礼さんの生まれた日であることを、わたしは知らなかった。

はじめて経験する大きな地震だった。余震の続いた夜、東京の自室で本棚から崩れ落ちた本をしばらく眺めていた。あまりにも大きな揺れで、棚の底板が飛んで、机に大きな穴をつくっていた。頭にぶつかっていたら、頭蓋がこの机のよう陥没しただろう。地震からほどなくして、故郷の南三陸のまちを大津波が襲った。家族と連絡がとれないまま、為す術もなかった。眠れない長い夜に、折り重なる本のなかから、あの夜唯一、手にとれたのが『苦海浄土』だった。こんな状況で読書かと、自分でも頭のどこかで思っていた。布団を被って、まるで神仏にしがみつくようだった。『苦海浄土』を読むことと、祈りや念仏を唱えることは、あの夜、わたしにとってほとんど同じ行為だった。なぜなら、この書物には、《故郷の生き死に》が宿っているのだから。水俣病を淵源とした『苦海浄土』とは、わたしにとってそういう書物だった。

生まれ育った三陸の村を拒絶して、東京へ出て一〇年が経っていた。あのとき、わたしは博士課程の学生だったけれども、研究を積み重ねてきたことの、そのすべてが、目の前の本棚と同じように崩れていくような気持だった。地震が、津波が、というのではない。棄郷した自分が見ないようにしてきた村のあり様が『苦海浄土』には、みしみしと耳をつんざくように、胸を突かれるように描かれているのである。わたし自身がここで都市住民として暮らすことそれ自体への後ろめたさが、深くある。《故郷の生き死に》が詰まっているこの書物を、こんな夜にあえて手にとったのは偶然ではない。いま思えばたしかに、自分のどこかで応報だと思っていたに違いなく、故郷への罪悪を感じていたからだと思う。この応報とはつまり、わたしのように故郷を顧みない者が因果をつくり、地震や津波を引き起こしているような、そんな感覚である。自分の胎の内側で、「東北」を棄てたことと、「東北」を研究することのアンビバレンツがいつもない交ぜになって宿っていた。《東北》研究は、いつもわたしを苛立たせた。故郷はいつも、わたしを苛立たせた。そうやって、いつもわたしは片目をつぶって生きてきた。そして、そうした自分の在り様こそが《東北》そのものなのだということにも気がついていた。この、うまく言葉にできない自分自身の存在のかたち、それ自体から抜けださない限り、どれほど《東北》を研究しようとも、あの故郷は同じ場所に置かれるだろうということも知っている。そのことが、さらなる苛立ちの原因となっていた。だから、そんなわたしが『苦海浄土』を読むという行為は、ほとんど忍耐的修行のようなことで、聞きたくないこと、見たくないこと、《故郷の生き死に》をこれでもかというほど切実に、石牟礼さんの狂気をもって迫られるという経験である。もっとも、この国で暮らす大方の人間にとっても、『苦海浄土』という書物が、手に取ることも読むことも困難な文学であることは、同じであるに違いない。だがあの夜、もう『苦海浄土』から逃げられなくなったと感じていた。

それにしても石牟礼道子とは、どんなひとなのだろう。あの心底息苦しい村社会を、両眼と心眼、それでも足らず、毛穴のひとつひとつが目であるかのように、耳であるかのように、あるいは鼻であるかのように、そのちいさな女の全身で執拗に生き尽くしている。いのちが生まれた懐かしい場所を思い出し、溶け合ってさえいる。いや、言葉で語れるほど、そう簡単ではない。ものを書く女への村の処遇、チッソ社会の水俣で生きる個人が、水俣病事件を描くことの桁外れの風当たりと誤解……作品に埋没しながら、そんなことまで気になってくる。石牟礼さんの作品は、織物のように縦糸横糸が重層的に描かれており、読むたびに、重層的な物語が、別な様相を浮き上がらせる。とりわけ『苦海浄土』は、土地と人間との関わりが複雑かつ、立体的である。

こう言ってよければ、まるでデリダの脱構築を文学に昇華させたようでもある。石牟礼さんが持っている「内なる他者性」、「内なる異質性」あるいは「内なる外部性」は、水俣社会の「内なる外側」へ、この世に在りながら、彼岸を念じ、祈りつづけるような物語である。この名づけようのない存在の様式が、おそらく、わたし自身も抱え込んでいる世界中に遍在する《東北》からの脱却の緒になりそうな予感はある。思い込みではないと思う。

生と死、過去から現在、中央と周縁、労働者と漁師、患者、チッソ、役人……。その「内なる他者」は、こうも言える。生きながら死者でもあり、患者でありながらチッソでもある、辺境の住人でありながら都市的で、女でありながら男でもあり、そして何よりも、ここに描かれてある世界は苦海でありながら浄土なのである。呪術師的に変幻自在な石牟礼道子は、かなり広い世界を領有できる稀有な存在だった。この作品は、あちらとこちらの世界を自在に横断している。だから、あの長い夜、わたしは『苦海浄土』を手にとったのだったし、あの絶望的な局面でも読むことを許された書物だったことを、自覚せずに判断したのだと思う。

あの夜、水俣の物語がすすむに連れて、刻々と、わたしの故郷の被害もより深刻になっていった。寒気に襲われた。「荒浜には数百の遺体が打ち上げられている模様……」「南三陸の不明者は一万人の模様……」

不知火海と三陸の故郷が重なり合いながら、気がつくと夜があけていた。もっとも、石牟礼さんの「天の邪気性」が予言していたことは、もっとずっと深刻なことだった。三月一二日には、福島で、原子力発電所が爆発した。

《そこ》はいかなる場所か

『苦海浄土』に、天明三年の古川古松軒『西遊雑記』が引かれている。*2

此節雨ふらずして井水もなきくらひにて数十村中合わせて雨乞いあり。土人のうはさをきけば竜神へ人柱をたていけにへを供すと云。珍しき事なれば一見せんと思ひ、其地に行見るに海岸にかけ造りの小屋をたて、藁にて長一丈ばかりの夫人の形をつくり、紙を以て大ふり袖の衣装をきせ、それに赤きもやうを画き、髪は苧を黒く染めて後へ打乱し、さて村役人、社人、巫女、見物人彼是数百群衆し、其の中の頭と覚しき社人海上にむかひ、至て古き唐櫃のうちより一巻を取り出し、高々と読み上げし事なり、

その祭文の文章埒なき事ながら、かな書きの古文書と思はれ侍りしなり。

其の後は太鼓を数々たたき、大ぜい同音に唱へるには、
竜神、竜王、末神神へ申す、浪風をしづめて聞めされ、
姫は神代の姫にて祭り、雨をたもれ雨をたもれ、
雨が降らねば草木もかれる。人だねも絶へる。
姫おましよ、姫おましよ。

かくのごとく入れかわり、入れかわり雨の降るまでは右の通に唱へて雨ふる時かの藁人形を海へ流す事なり。

古川にして、土人とは土地の者というほどの意味ではあろうけれども、二〇〇年ほど前の水俣の風俗である。辺鄙の地の土人が、古のことを失わずに伝えている、と記録されている。

雨と引き換えに女（すでに藁人形となっていたが）のいのちが、竜神に差し出されたあの時代。海山の豊穣と人間のいのちが天秤にかけられていた《ここ》。現在とは認識の異なる、あの世界。いつ、どの時点からバランスを崩していたのだろう。故郷は崩れはじめた。

厚生省あたりじゃ誰も知らんとですよ。水俣ちゅうても、水俣ちゅうとこはどこにあるかい、ちゅうふうで。九州の片田舎で、地図を出して、どこにあるや、ちゅうふうで。しかも水俣のうちでも、とっぱなの局部ですね、月ノ浦、湯堂、茂堂ちゅうても、問題にもされんわけですたいね。[*3]

かつて、人間のいのちと引き換えにしてでも故郷の人びとが守り続けてきた豊穣な「無限」世界は、方角だけ与えられたのっぺりとした地図に配置され、その声もかたちも色も無きものとして扱われた。無価値の場所と見做された。都市と田舎といった地理的地勢における無価値化と、さらに近代の資本主義社会におけるシステムのなかでの労働者と漁師という職業的地勢も織重なっている。中央から遠く離れた九州の、そのまた辺境の水俣と、さらに水俣のなかに月ノ浦や湯堂、茂堂といった漁村が周縁化されている。

近年は変化しつつあるが、土と海を生業とする農漁業者は、いわゆる賃金労働者とは区別されてきた。例えば、アントニオ・ネグリは「形象としての農民」という表現を使っていたが、農業や漁業といった《生》は、当該の村の土地神や海神を祀り、共同体としての村を護持し、文化の継承者として、生業を営んできた。それは、成果主義や時間労働とは異なる存在様式であり、しばしば日照りや冷害といった自然災害に見舞われる。農業なら、概ね一年に一度だけの収穫をサイクルとして年中行事をデザインしてきたし、林業ならその時間的な幅は五〇年や一〇〇年になる。漁師は、舟で大海へ乗りだす仕事で、しばしば板子一枚下は地獄とよばれてきたが、賃労働者における「労災」などといった社会保障を前提とする暮らしとも違う。

> 俺どもは労働者とちごうて、かねてはストもなあんもせんとじゃけん、今日がはじめの最後だけん、いっちょ水俣ン衆のたまがらすごと景気つけて、デモちゅうものをして並うでいこうじゃなっかー。[*4]

漁師がこうした活動を担うとき、それが限りなく祭りとなるのは、その生業に由来するものである。それは土や海、神に陳情するときの作法なのだが、こうした生き方のかたちは、近代化と引き換えに、無用のレッテルをはられ、もはや「人間の種」として絶滅しつつある。そのいまや失われた皮膚感覚を持っていた《精霊》の末裔たちが、天草や水俣に暮らしているのである。

「昔ゃなあ、つきあいのありよったもんなあ、猪とも猿とも、大蛇ともなあ」。

……

「人間の親が、赤ちゃんばようあずけられましたねぇ」
「ほなこつなあ。まだ邪気のなかったもんでなあ両方とも」
「魚もうんととれて、腹の満ちとりましたとでしょうか」
「じゃろなあ、昔の茂道にゃ、枝の広々した茂道松のうんと生えとって、下陰も涼しかったが、温か日もありよったもんで、赤児に青蝿のぶんぶんたかってな、しんから寝きらん。それで大蛇がこう、躰じゅう鱗ば開いてなあ、ばちばち云わせて鱗ばひらいてぞ、青蝿ば追いやって、赤児ば寝かせよったちゅうがなあ。今はアレ達とつきあいのなかもんで、なかなか出て来ん」

……

心の内側からも外の見かけも近代化されつつある世の中に対して、「つきあい」を絶たれたものたちが、その神秘的領域から、現世への、つきぬ名残りを表現している姿がそこにあった。

杉本家の解放感に満ちた民話的日常に心うばわれているうち、わたしはこれは大変だ、日本の民衆の、大地や山や河川や、海などへの深い信仰は、この家を最後にして絶えるのではないかと思うようになった。*5

現在の水俣には、この《精霊》の末裔たちが少数民族となって暮らしている。彼らは「やうちブラザーズ」というコミックバンドである。この頃は、東京や福島も含む、かなり広い地域を巡業したりもするが、もちろん彼らは、普段は不知火海と共に暮らす漁師だ。祖父、父母を水俣病で喪った杉本肇さんがリーダーとなり、バンドはやうち（一族）である。彼らについて「不知火海に、魂入れをし直していくに違いない」と、石牟礼さんは遺言している。

失われた「声」と離散

あの震災のあと、石牟礼道子さんに一度だけお会いした。野中大樹さんという水俣出身の編集者にご案内いただいた。二〇一四年三月のことである。石牟礼さんは、熊本市へお住まいだったのだが、まず、空港から水俣へ向かった。東北で生まれ育ったわたしは、じつは九州へ来ること自体がはじめてだった。

水俣へ着くと、駅前から、道が真っすぐチッソ本社へとつながっていた。駅からチッソ正門まで真っすぐに赤い絨毯を敷きつめ、その上を昭和天皇が歩く写真が飾られていた。水俣にとってのチッソが何を意味しているのかは、その写真が十分語っていたが、チッソという会社が、いまも水俣の中心にあることを、日本中の多くの人は知らないだろう。

はじめての公式の水俣病患者は、坪段という漁村で生まれたふたりの少女だった。その話を聞きながら、小さな滝のような流れ込みが、四角い漁港で囲まれている風景を見ていた。わたしが子どもなら、この漁港の、あのちいさな滝の流れ込みを格好の遊び場にするだろう。かわいらしい民家が海を目前に並んでいて、家の窓から釣り糸を垂らせるほど海が近い。そして、窓の向こう側には穏やかな不知火海が広がっているのだ。夢のような見晴らしだった。坪段はちょうど、海が箱庭のようになって漁港をつくっているので、流れ込んだ水銀が溜まったのかもしれない。周辺の民家は、ほんの数件を残して、ほとんど空き家のようだった。
わたしは「ここは、とても素敵な場所ですね。家の窓から釣りができるなんて」と無邪気に話してみた。《東北》で育った自分にとって、自分の土地の悲しい話を外の人間から言われるのが、何より嫌だからなのだが、野中さんは「そうですか、そんなことをいう人は、ここにはいないですね」と、ちょっと驚いたような顔をした。それはそうだ。そこで、「ここは苦海であり浄土だ」ということを思い出して、念じてみた。もしまた、生命力の弱まった不知火海に魂入れをしたなら、あの坪谷の海の箱庭で、子どもが遊べるようになれ、と。海の箱庭のなかには大岩がいくつかあって、そのあいだを泳ぎ回って、かつての「つきあい」のように、魚と戯れることができるようになれ。ひとの声もアレ共の声も、いまは押しつぶされているけれども。

「ある種の有機水銀」の作用によって発声や発語を奪われた人間の声というものは、医学的記述によると〝犬吠え様の叫び声〟を発するという風に書く[*6]。

その震源でもっとも苦しんでいる人びとが、自ら声をあげられないこの理不尽な世界のあらゆるしわ寄せを、水俣は一身に引き受けてきた。水俣は、いまも抱え続けている。

うちが働かんば家内が立たんじゃもね。うちゃだんだん自分の体が世の中から、はなれてゆきよるような気がするとばい。握ることができん。自分の手でモノをしっかり握るちゅうことができん。うちゃじいちゃんの手どころか、大事なむすこば抱き寄せることがでけんごとなったばい。そらもう仕様もなかが、わが口を養う茶碗も抱えられん、箸も握られんとよ。足も地につけて歩きよる気のせん。宙に浮いとるごたる。心ぼそか。世の中から一人引き離されてゆきよるごたる。*7

くり返すが、海と暮らしてきた人びとは、充満する「無限」世界のなかで生きてきた。「世の中から一人引き離されてゆきよるごたる」と語るゆき女の心ぼそさは、わたしたちが理解できる範囲を超えた離散であるには違いない。だが、ここにひとの魂の深さを、誰だって読みとるに違いない。

地下水の湧き出る茂道には、船がたくさん停まっていた。不知火海には、鯛を抱えたゐびすの座像をいたるところで見ることができる。茂道にも、防波堤のところに立派なゐびすがあった。竜神が海底に住む神なら、ゐびすは海の向こうからやってくる来訪神である。ゐびすは不思議な神で、多様な顔を持っている。試みに漢字で書き起こせば、恵比寿、恵比須、夷、戎、胡、蛭子となる。日本書紀や古事記では、イザナギとイザナミの子どもが、三つになっても立つことができなかったため、クスノキで造った船に乗せて流したという。この蛭児が、やがてゑびすになって戻って来たという神話である。ゑびすは、足が弱いために座像として描かれているとも言われてきた。こうした出自の影響なのか、ゑびすは、幸不幸の両方を海から運んでくるという。

天草や水俣の人びとは、天からの授かりものを「のさり」と表現することがある。「水俣病がのさった」という表現を聞いたときは、正直耳を疑った。水俣病を天からの授かりものでもあるという、その言葉の内側のことが気になった。まただ、と思う。不幸でありながら幸福である、という《内なる外側》のことである。これは、茂堂で暮らした《精霊》族の杉本栄子さんの言葉だった。水俣病で亡くなった杉本さんの最後の言葉を、石牟礼さんは口移しで「道子さん、もうわたしたちは許すことにした、全部許す。日本ちゅう国も許す、チッソという会社も許す、差別したひとも許す。すべてを許さんば、きつうてたまらん。みんなの代わりにわたしたちが病みよっとばい」*8と語った。

渡辺京二さんにご案内いただき、わたしははじめて石牟礼道子さんにお会いした。石牟礼さんは術後間もない時期で、身体がほんとうにちいさく消えてしまいそうなほど弱々しく見えた。このちいさな身体で、術後も執筆されていることに驚くしかなかった。わたしは、石牟礼さんに声をかけてもらうだけで、とうとう、自分から満足な話をすることができないまま、短く挨拶をして居室を後にした。圧倒的な筆致で、すべてを書いているのに、ここまで来て、自分が何を聞こうというのか。ただ、生身の石牟礼さんの、その身体のちいささに比して、遥かに強靭な意思を持っていることだけを感じとることができた。そして「わたしは水俣病なんでしょうか」と問いかけられた、その声だけが、いまも耳に重たく残っている。後に、若松英輔さんとそのときのことをすこし話したことがあった。『苦海浄土』を執筆しながら、ついに「パーキンさん」がのさったと言うべきなのだろうか。お身体はとても辛いに違いなかったのだが……。そのことを話すと、若松さんは教えてくれた。

「いったい何があなたをここまで駆り立てるのか」、という若松さんの問いかけに、石牟礼さんは「内で、ゴーンと鐘楼が鳴っております」と答えたのだった。

苦海浄土の《東北》読み

二〇一一年三月一二日。

甚大地震に連動して、津波を受けた福島原子力発電所が爆発事故を起こした。原発から三〇キロ圏内の住民は自分の故郷から退避することを余儀なくされた。一、三日で自宅へ戻れるだろうと考えていた多くの人びとは、持つものもとりあえず、故郷から離れた。

あれから七年の歳月が流れた。段階的に避難解除はされてきたけれども、人間同士のあいだには深い亀裂が走り、誰もが言葉を失っている状況に変わりはない。喪われた美しい故郷を思って死んでいった人びとが幾人もいた。誰の心のなかにも、故郷が留まったままである。

ふたたび福島で、「もうひとつのこの世」を幻視する、わたしたちの新たな《苦海浄土》がはじまっているのだと思う。

故郷の山では、春の山菜もキノコも収穫できなくなった。じいちゃんやばあちゃんは、孫と一緒に山海の恵みを食べることすらままならなくなった。多くの家族が離散したままだ。田畑で収穫したコメや野菜も、魚も売れなくなった。相馬や新地の漁師だって、水俣の漁師と同じように、竜神やゑびすを祀り、どんなに過酷な津波が襲ってこようとも、海を恨むことはない。水俣の漁師たちと同じように、魚を獲って食べている。なぜなら、海に生かされるのが漁師だからだ。けれども、そのことはあまり理解されない。「汚染された魚を食べろ」というのでは決してない。海や土と暮らす生き方が、何を意味するのかを、近代は喪失してしまった、ということだ。近代科学の最先端といわれた原子力と、ごく隣接して暮らしていた農家や漁師の暮らし。単に原子力に対する個人の考え方だけでなく、《生》の在り様をめぐる文明の衝突が、やはり福島でも起きている。それは、放射線汚染度の違い、原発からの距離、補償金の金額、年齢、性別……そして生業の違い。あまりにも複雑な亀裂で、これを縫合する作業はまだまだ時間がかかる。水俣は、第一回目の訴訟から半世紀になる。福島も、同じだけの年月を必要とするだろう。
原発事故以後の福島の内実について予測ができた数少ない人びとが水俣の方々だった。福島から生み出されるべきこと、その生みの苦しみを誰よりも知っている人びとがいる。

とある夏、髪のわけ目に一本の白髪をわたくしは見出す。なるほど、まさしくこれは〝脱落〟した年月である！　そしてその年月の中に人びとの終わらない死が定着しはじめたのだな、とわたくしはおもう。わたくしはその白髪を抜かない。生まれつつある年月に対する想いがそうさせる。大切に、櫛目も入れない振りわけ髪のひさしにとっておく。わたくしの死者たちは、終わらない死へむけてどんどん老いてゆく。そして、木の葉とともに舞い落ちてくる。それは全部わたくしのものである。*9

またただ、と思う。「わたくしの死者たちは、終わらない死へむけてどんどん老いてゆく」。わたしたちは自分の世界に閉じこもって、自分だけの死に固執してしまうけれども、石牟礼さん自身が、抱えていた難病を一顧だにせず、水俣病患者を書き続けたことの、秘密でもあるかもしれない。自分だけの死や、あのひとだけの死というよりは、やがてだれにでもやってくる、「わたくしたちの死」のことである。ここに、石牟礼さんのもうひとつの世界があることを引き受けないうちは、なぜ、苦海が浄土なのかを掴めないかもしれない。だから、『苦海浄土』をほんとうに読むということは、近代社会の規範に生きる者にとっては、なかなかに困難な作業で、事によると、まったく誤解している可能性もある。それくらい、まったく異なるいくつもの世界を、石牟礼道子というひとは往還できたのだ。

赤んぼは、こんな幻を見ていました。

底のない無限の穴は、永い永い時間の未生の億の海、いのちが生まれ出る前に漂わねばならぬ、億年前も前の海の時間を廻っていました。その海の中にある巨大な渦巻、音もなんにもないブラック・ホールに落ちこんだものたちが、胎児の恰好をしたまんまで、だれと手をつなぐこともできない軌道の中を廻っている。だれの声もなんの音も聞こえずに、そういう者たちが、ただ目を見ひらいて、あの眸が失くしてしまった目を見ひらいたまんま、穴の世界を廻っている。そんなふうな幻を赤んぼは見ていました。*10

むかしのひとはなぜ、億千万の時間軸を持ちえたのだろう。石牟礼道子は、なぜ百千万億を繰り返したのだろう。わたしたちは、直線的な自分だけの死の時間のなかで、生まれ変わることを信じないけれども、それは、無限世界の破壊につながっているのだろうか。

あれが国土を豊かにするのだというなら、釜の底に穴をあけ土に食い込み、塊となった肥やしが、億千万億後に、この土地を豊穣にしてくれぬものか。

註

＊1　石牟礼道子『葭の渚――石牟礼道子自伝』藤原書店、二〇一四年、一五〇頁。
＊2　石牟礼道子『苦海浄土――わが水俣病 新装版』講談社文庫、二〇〇四年、一一三―一一五頁。
＊3　前掲『苦海浄土』、一〇六頁。
＊4　前掲『苦海浄土』、一二一頁。
＊5　前掲『葭の渚』、一七八頁。
＊6　前掲『苦海浄土』、一四二頁。
＊7　前掲『苦海浄土』、一五一頁。
＊8　NHKクローズアップ現代「水俣病〝真の救済〟はあるのか――石牟礼道子が語る」二〇一二年七月二五日放送。
＊9　前掲『苦海浄土』、二九〇頁。
＊10　石牟礼道子『あやとりの記』福音館文庫、二〇〇九年、四七頁。

自感する宇宙

二〇一九年

転定ニシテ一体
男女ニシテ一人
十穀ニシテ一穀ナリ
是ガ自然ノ一真自リ感ク常ナリ*1

天地は一体
天には活真の拠点となる北極星と北斗七星が転動している
地では大海が潮汐活動をつかさどり、天地天海一体となってはじめて万物生成となる
男女はひと
男女の営みはひとつになって生命を宿し、人となる
また、大地に生成する十穀がひとつの穀精となって命をつないでいる
これが、生きるまことであり、ひとりでのはたらきである

昌益には、天地と男女（ひと）のあいだをコメ（穀精／精液／母乳）が仲立ちしているという万物生成の宇宙観がある。この宇宙は、「自ラ感じ」「自リ感ラク」無限の自己運動によって支えられており、そこにはつねに矛盾が孕まれているのだという。すなわち、天地にしてひとつ、男女にしてひとつ、雄雌にしてひとつ、善悪にしてひとつ……といった具合である。この進退ふたつの感らきが、一体となって作用することが活キテ真の世界であり、進退が一体となる互性によって自然の世が成立している。昌益はそう考えている。寄せては返す汐潮がそうであるように、はじまりも終わりもない自感する宇宙は、矛盾に満ち満ちており、善を支えもつ悪も決して排除しない互性の世界は、光陰があってはじめて現れることになる。

関係性を生きる人間は、当該社会の思考と言葉の網の目から自由ではありえない、という事情のなかで生きている。そうでなければ、各々が通じ合えない思考と言葉を持つということになり、人間社会そのものを成立させることが不可能になるからだ。昌益を前にたじろぐのは、江戸中期にエピステーメーそれ自体を喝破しているためで、その時代性からの〈はみ出し〉には壮絶なものがある。この〈はみ出し〉を、狩野亨吉は「狂人」と呼んだのだろう。彼の身分制や宗教権力からの脱却を図る心性は、ごく近代的であるように見えるものの、そこも超えてしまうようなところがある。そのような意味では、昌益の「自感」は、関係性の網の目で生きざるをえない人間にとっては、奇跡的な言葉となる。ここでの「自感」は、当該社会の思考と言葉の下で奴隷となった「主体」とは対極的な志向を持っているだろう。昌益は、エピステーメー（法世）の彼方に、月の満ち欠け、星々の転回、潮の満ち引き、生命それ自体の無限の感らきを対置させ、もう一つのこの世へのとば口をこじ開けようとする。

命が、何ものからも支配されずに自律し、自り感らく作用を持っているというそのことが、一番はじめに保証されていなければ、昌益の言語論的転回は成立しない。わたしたちはまだ、昌益の自然世を根源的に理解できる場所に立ててはいない。それどころか、リスクの充満する法世は、動きを失って、ますます活真を遠ざけている。

何之レガ始マルトモ無ク
何時是レガ終ワルトモ無ク
真ニ転定ノ万物生ノ耕道ト
人倫直耕ノ十穀生ズルト与ニ行ワレテ
無始無終ニ転定人倫一和ナリ
転定モ自然ルナリ
人倫モ自然ルナリ

故ニ自然ノ世ト云フナリ

いつこれがはじまるともなく
いつこれがおわるともなく
天地が万物生成することと
ひとが土を耕して十穀をうみだすことが一緒になって
はじまりもおわりもない天地とひとの調和となる
そうした生成を天地もひとりでにするし
ひともひとりでにする
だから自然の世というのである

註

＊1　安藤昌益『統道真伝三人倫巻』『安藤昌益全集　第十巻』、農山漁村文化協会、一九八五年、九六頁。

明日なき《世界》

つぎつぎとなりゆく犠牲

二〇一〇年

はじめに——環境難民と子どもの声

インド洋に浮かぶモルディブはリゾート地で知られる至上の楽園である。一一九二の島々で構成され、その内一九八島ほどに人が住んでいる。島々は海抜一・五メートルほどしかなく、現在の速度で海面上昇が続けば、モルディブの人びとは今世紀の終わりごろには国土を失い、環境難民(Environmental refugees)として国外へ離散するよりほかに術はないといわれている。すでに、モルディブは国外の土地購入をはじめているとも聞くが、四〇万に及ぶ国民を受け入れる国/土地はあるだろうか。至上の楽園で生きる人びとの暮らしは、移住先で守られるのだろうか。四〇万の人びとが暮らしているモルディブは、今日このときもじわりじわりと沈んでいる。

二〇〇九年のCOP15[*1]で、当時モルディブ大統領であったナシードの演説は、気候変動の原因をつくった先進国への呼びかけというよりは、同胞の途上国地域への懇願だった。大気中の二酸化炭素濃度を 350 ppm まで削減するという数値目標は、これから経済成長を目指す国々にとっては足かせでしかなかったからだ。もっとも、COPでの採決に従わなかったからといって罰則規定があるわけではない。

長らく独裁政権下にあったモルディブ共和国が、ようやく民主化に舵を切った契機は二〇〇四年一二月に起きたスマトラ沖地震による津波の被害だった。国土のほぼ全域が津波にさらわれ、GDPの半分が失われたために経済基盤が破たんし、政治改革を余儀なくされた。民主化後はじめての大統領となったナシードの仕事は、皮肉にも、津波被災によってリアリティを増した海面上昇の抑止だった。[*2] しかしそれは、まるで雲をつかむような途方もない運動のはじまりだった。

日本における公害や原発事故がそうであるように、温暖化で最も苦しむのは、化石燃料をほとんど使っていない島嶼や周縁、後発国の人びと、エネルギー利用に何ら責任のないまだ産まれぬ子どもたちである。将来、圧倒的多数の環境難民が発生し、気候変動を招いた「加害性」が問われるとき、日本は免罪されないであろう。世界有数の二酸化炭素排出国である日本は、気候変動の要因をつくった「加害者」として、モルディブからの環境難民に対し手厚い社会保障を施し、受け入れできるだろうか。[*3]

昨年末のCOP25は、COP15におけるナシード大統領の叫びのような演説から一〇年を経ていた。どこか既視感があった。弱冠一六歳のグレタ・トゥーンベリさんがテレビの向こうで怒りの声をあげていた。日本社会は、気候変動を自分の危機的問題として引き受けた子どもの話を聞くどころか、トランプ大統領と一六歳の女の子を対比させたエキセントリックなお茶の間の話題に終始していた。気候変動をめぐる二酸化炭素の排出ひとつとってみても、日本社会の加担は明らかであるにもかかわらず、である。それは、東京に電気を送っていた福島が被災した顛末を思い起こさせた。グレタさんの声をまともに聞こうとはしない日本社会の在り様に、東京オリンピックで忘却されていく福島が重なって、この二〇二〇年を占っているような気持ちだった。

かつて、宇沢弘文は、戦後日本経済をとりまく特徴のひとつに、経済成長するにあたっての公害や事故といった社会的費用を内部化することができず、そのしわ寄せが「第三者」(とりわけ貧困層)に転嫁されることを指摘していた。それは日本に限らず開発や経済活動全般にいえることだという指摘があるだろう。しかし、水俣や四日市、福島が依然としてそうであるように、加害者側の責任が社会に認識されてもなお、被害者側が切り捨てられていく構造になっている。言いたくない言葉なのだが、こうした公害や原発事故の被害者を「必要悪」だと捉えている圧倒的多数の人びとが、この日本社会をつくっている。いや、こうした社会的反応に対する統計的なエビデンスをわたしが持っているわけではないが、そうでないとしたら公害問題訴訟が半世紀以上続いている事実をどう理解したらよいだろう。

こうした被害者が切り捨てられていく深刻な問題は、気候変動だけでなく、過労死をとりまく労働問題や、性差別や暴力、あるいは戦後補償問題などとも恐らく地続きと思われる。とりわけ日本社会は――と、あえて語る必要があるだろう――技術的、経済的な先進国になっても、基本的人権が行き届いた高度な社会にはなってはいない。それはなぜなのか。かつて総力戦体制の分析でしばしば指摘されたような、またもや後発型近代国家の闇をここまで引きずっているとでも言うのだろうか。[4]

「世界が破滅するなんて嘘だろ、嘘だろ！」という忌野清志郎の詩が、リフレインする。二〇一九年現在、岩手県綾里にある気象庁の観測所での大気中二酸化炭素数値は、すでに350 ppmをはるかに超え、月によっては410 ppmを超えることもある。[5]

経済成長の終焉と「自動車社会」のゆくえ

宇沢弘文の『自動車の社会的費用』[6]が出版されたのは一九七四年である。前年、第四次中東戦争が勃発し、日本は原油高騰のあおりを受け、ロジスティクスが麻痺し、消費者物価指数が上昇した。政府は、インフレーションを抑制するべく公定歩合の引き上げを行った。いわゆる、オイルショックである。宇沢が同書を発表した一九七四年は、第二次世界大戦後はじめて日本がマイナス成長となり、高度経済成長が終わった年でもある。そしてこの頃には、水俣病やイタイイタイ病、四日市ぜんそくなどの公害病が日本社会で認知され、現在に至るまで続く公害訴訟がはじまっていた。日本社会は、すでにこの時点で「リスク社会」の何たるかを経験していたともいえるのだが、公害の舞台となった「遠くの地方」の人びとの暮らしよりも、日本全体の「経済的利益」が優先された。宇沢は、この時代に、経済成長と豊かさの象徴ともいえる自動車社会が、「ガン細胞と同じように、経済社会自体をもやがて破壊する性格を持っている」[*7]ことに警鐘を鳴らしていた。宇沢の主張は「自動車社会」にあって外部化されている公害や交通事故といった社会的費用が、もっとも小さくなるような社会を目指すこと、そして日本社会における「人間意識」の変革を求めるものだった。

自動車の普及を支えてきたのは、自動車の利用者が自らの利益をひたすら追求して、そのために犠牲となる人々の被害について考慮しないという人間意識にかかわる面と、またそのような行動が社会的に容認されてきたという面とが存在する。[*8]

宇沢の言葉である。上の引用文の「自動車」の部分を「電気」あるいは「プラスチック」と置きかえてもよい。四大公害病に象徴されるように、気候変動をとりまく問題系には、圧倒的多数の利益の裏で、生存基盤と、健康的な暮らしを奪われた人びとの抑圧が沈み込んでいる。自動車事故の犠牲となったおびただしい数の人間や動物の累積は、無視できる総量ではないはずなのだが、「自動車社会」の撲滅が語られることはない。人びとが日常的に、健康的に暮らす権利を脅かされないためにはどうすればよいかについて、宇沢は、あくまでも経済学の立場から、環境規制と経済成長との関係についての短期的、長期的結論を導いたのだった。社会的共通資本（ソーシャル・コモン・キャピタル）は、市場と非市場（市民の基本的生活）をつなぐ結節点であり、社会的共通資本が十分でなければ市場経済は不安定化する。社会的共通資本が内部化されていない市場は短期的には利益をもたらすかもしれないが、そのような市場は自己解体を余儀なくされる。[*9] このことは、日本社会が現在進行形で経験していることである。

七四年に実質経済成長が止まった日本は、八〇、九〇年代にかけて「自動車社会」に一極集中化していった。オイルショックによって燃費の良い小型自動車に需要が傾き、大型車が主流だったアメリカ自動車産業を日本の軽自動車が席巻するようになっていった。第二次世界大戦から置きかわった戦後の経済戦争は、日米「自動車戦争」の様相を呈し、一九八〇年には日本車の生産台数がアメリカ車を上回り、以降一九八五年までは世界一となっている。[*10]

日米「自動車戦争」は、現在もつづいているかのように見えるが、アメリカは、九〇年代のクリントン政権下の産業構造改革で自動車産業からＩＴ産業へ大きく舵を切っている。

ソビエト解体後の冷戦構造の変化に伴い、それまで軍事機密だったＩＴ情報網を民間へ払い下げしたのである。衛星から撮影されたGoogle Earthが米軍の使い古しであることはよく知られている。FacebookやAmazonが社会的に影響を及ぼしていることも誰もが知っているだろう。

アジア諸国では依然として豊かさの指標となっている自動車産業だが、ヨーロッパを皮切りに徐々に変化してきている。例えばオーストリアは、二〇一一年からスマートシティ計画に着手しており、首都ウィーンの郊外での新都市建設では、ＩＴ企業の社員たちの主要通勤手段の大半が自転車になるとも言われている。わたしがまだ建設途中の新都市を訪れたのは二〇一五年のことだが、実際に自転車を電車に乗せて新都市まで移動し市内を走ってみれば、交通渋滞や事故を心配することなく通勤できることが分かった。もちろん、電気自動車用の電気スタンドも整備が進んでいるが、平日の勤務日に自動車を利用するＩＴ企業社員は少ないのではないかと感じた。とりわけ七〇年代から水力と風力で自国のエネルギーをまかなってきたオーストリアは二酸化炭素の排出量について、二〇三五年までに一九九〇年比の三五％減、二〇五〇年までに八〇％減の目標を掲げている。

日本ではほとんど知られていないが、オーストリアの首都ウィーンには、原子力の平和利用を推進するＩＡＥＡ（国際原子力機関）の本部があるのだが、オーストリア自体は原子力の利用を法律で禁じている。一九七〇年代にドナウ川沿いに建設されたツヴェテンドルフ原子力発電所は、「幻の原発」とも呼ばれているが、原発建屋の完成と同時に、当時の気象庁が歴史研究により六〇〇年前の活断層を発見したとの報告を行った。この報告を受けたオーストリア政府は、原子力発電を稼働させるか否かの判断を国民に委ねるべく、国民投票を行った。その結果、オーストリア国民は原発を稼働させないという判断をし、国は原子力の利用を法律で禁じることとなった。日本では、原子力利用の可否について、福島第一原発事故から九年を経ても、国民投票になりそうにない。繰り返すが、日本人の多くが、日本は高度な近代化を成し遂げたと認識しているけれども、国が抱えている課題について、国民が判断できる社会にはなっていない。リスクをこれ以上増やさずに分散させていく時代にあって、上意下達で大きな政策が進んでいることは危険である。

さらに、二〇二〇年、COP26の開催国であるイギリスは、ガソリン車とディーゼル車の販売禁止について、五年前倒しの二〇三五年から実施するとの見通しになった。[*11] ハイブリッド車も含まれるようだが、現状の自動車生産ラインでは対応できなくなることが予想されるため、自動車業界からは強い批判も出ている。また、イギリスの自動車生産台数一三〇万台（一九年実績）のうち約半分をトヨタ、日産、ホンダの日本企業が占めているという。日本社会の動きはまだ見えないが、遅ればせの変化を余儀なくされるだろう。[*12]

宇沢の議論をもう少し継承してみるなら、近代社会は、足尾や水俣がそうであるように、津々浦々の〈故郷喪失〉の問題を内包してきた。近代とは、命や故郷喪失のつぐないが本質的に回収不可能な社会システムであり、壊したものが壊れたまま外部に遺棄され、自己回復の仕組みが困難なシステムである。*13 後期近代に至って、こうした遺棄の堆積はもはや〈祟り〉*14となってこの世界全域を覆いつくそうとしているが、近代社会は、この〈祟り〉を鎮める術を持っていない。

「水俣病患者の見舞金、子どものいのち年間3万円、大人のいのち年間10万円、死者のいのち30万円、葬祭料2万円*15」と、かつて石牟礼道子が近代人権思想の「ねだん」の空虚を告発したように、鉱毒によって滅亡した村も、有機水銀で神経麻痺を起こして死んでいった人びとも、現在にいたるまで、つぐなわれたことはない。戦場で死んでいった人びと、排外の果てに荒川の河川敷に埋もれた人びとについても同様である。近代とは、あらかじめフロンティア／周縁部の犠牲（命や故郷）が外部化され成立している、と言ってもいい。こうしたシステムに、喪われてしまった犠牲をつぐなうという方法は存在しえない。*16

原発事故以後、自主・強制避難を余儀なくされた人びとの〈故郷喪失〉の課題、とりわけ生業訴訟の原告が抱えた問題のひとつが、放射能によって汚染されて故郷（風土／田畑）を失ったことを、国民へ向けて説得的に伝える術がないことだった。畑の収穫物であるキャベツひとつを一〇〇円として算出し、一年の収穫高を計上すればその損失を補えるのであろうか。損失額という資本制のルールによって、とりあえず「ねだん」が「つぐない」へと意味が置き替わる仕組みになっている。だが、そうした近代システムの意味変換が損なってきた、喪失の堆積が、すでにこの社会を蝕んでいることは事実であり、被ばく被害が広範囲に及んだ福島第一原発事故以後の喪失についての全容が把握できないばかりか、あの事故によって、わたしたちが一体「何を喪失したのか」さえ分からなくなっている。

ハーバーマスは、市場や官僚システムへの依存度の高まりによって生活世界が決壊したことを、システムによる「生活世界の植民地化[*17]」と呼んだ。パーソンズをはじめとするシステム論が立脚する社会学的側面から見れば、生活世界は「一般行為システム」の一部に組み込まれるということになろうが、ハーバーマスはこの立場を批判し、出自の異なるそれぞれの仕組みが概念戦略をもって相互に関係性を維持しながら世界を構成している、という社会概念を構想した（もっとも、ハーバーマスも啓蒙主義の外側にある〈生活世界〉を捉えることができなかった）。

例えば、東日本大震災以後の復興計画のなかで象徴的な事例は、国土強靭化計画と相まって建設が進められている三陸沿岸部約四〇〇キロメートルに及ぶ巨大防潮堤である。

制御できない海をシステム〈防潮堤〉の外界へ排除し、厄災を防ぐという発想による、三陸沿岸部における海の外部化の構想である。それは正しく近代都市構想なのだが、しかし、漁業を基幹産業とする三陸沿岸部には、市場システムのなかに完全には組み込まれない生存基盤としての〈社会的共通資本／生業世界〉が確かに遍在している。この〈生業世界〉を可視化し、市場の他者として存立／並存させることが、三陸沿岸における生きられる世界を構築するうえで極めて重大なことだと考えてきた。

なぜなら、海や山に働きかけながら生きる三陸の人びとは、山野河海の破壊や自然災害を自らの暮らしに内部化し、回復や治癒を繰り返しながら暮らしを存続してきたからである。故郷の海や山を遺棄し、回復不能なシステムでは命をつなぐことができないであろう。

ナショナリズムやグローバリゼーションが旋風を巻き起こす近代は、世界を一元化し、多様な生活世界を市場経済に飲みこんで平準化してゆく。東日本大震災以後の復旧・復興事業も例外なく、こうしたシステムへの回収を進める事業であり、文字通り、三陸沿岸部の「近代化／均質化＝定形の近代化」を達成しつつある。社会形態の発展形としての近代化という見方はあっても、近代的圧力による近代化という側面について語られることはあまりない。社会にとって、その不足する部分を補い合える〈他者世界〉を排除することがゆくゆく何をもたらすのか、ということについての気づきには、被災地域の人びとさえ至ってはいない。

行き詰まりをみせる〈後期近代〉にあって、三陸の被災地は、「復興事業」という周回遅れの「経済政策」によって「定形の近代化」を成し遂げようとしている。お年寄りも子どもも歩くことが困難なほどの立体道路で埋めつくされ、すでに斜陽を迎える「自動車社会」の到来によって、この〈三陸世界／生業世界〉は破滅する。

註

＊1　ＣＯＰは国連気候変動枠組条約締約国会議。一九九五年から毎年開催されており、ＣＯＰ15はコペンハーゲンで開催された。

＊2　モルディブの国土水没についてはドキュメンタリー映画『南の島の大統領――沈みゆくモルディブ』（ジョン・シェンク監督、二〇一一年）に詳しい。なお、モルディブの政治は依然として安定しておらず、クーデターにより、ナシードはイギリスに亡命していた。

＊3　二〇一八年の二酸化炭素排出量は一位中国、二位アメリカ、三位ＥＵ、四位インド、五位ロシア、六位日本となっているが、これに人口比を加えると、日本の一人当たりの排出量は、中国の一人当たりの排出量を遥かに超えている。"Emissions from Fuel Combustion Highlights", International Energy Agency, OECD/IEA, 2018 Edition, p. 20.

＊4　後発型近代国家の特徴は、欧米諸国における近代化が二〇〇年ほどの時間のなかで緩やかに発展していった一方、ドイツやイタリア、日本は先行するヨーロッパの技術導入を経て急速に近代化したため、市民社会的理念が形成できなかったという指摘がある。例えば山口定『ファシズム――その比較研究のために』有斐閣選

書、一九七九年。
＊5　日本の気象庁の二酸化炭素濃度観測所は、「綾里」「南鳥島」「与那国島」の三か所での数値を公表している。気象庁：https://ds.data.jma.go.jp/ghg/kanshi/info_co2.html。
＊6　宇沢弘文『自動車の社会的費用』岩波新書、一九七四年。本書の構想自体は、一九七〇年から断続的に発表された雑誌等の研究論文にもとづいている。
＊7　前掲『自動車の社会的費用』、二八頁。
＊8　前掲『自動車の社会的費用』、三三頁。
＊9　間宮陽介「社会的共通資本の思想」『現代思想』二〇一五年三月臨時増刊号。
＊10　「59年乗用車生産　日本、米に抜かれる　対米輸出規制に波紋」『朝日新聞』一九八五年一月二六日付朝刊。
＊11　「イギリス、2035年からガソリン車とディーゼル車を販売禁止へ　5年前倒し」『ニューズウィーク日本版』二〇二〇年二月四日付。
＊12　「英、35年にガソリン車販売禁止＝ハイブリッドも、日本勢に打撃」『時事通信』二〇二〇年二月四日付。
＊13　水俣も福島も、自然界における浄化の力を借りなければ回復不可能であろう。
＊14　山内明美「《圏域》のディアスポラ――東北をめぐる水平的断層」、杉田敦編『岩波講座 現代 第4巻 グローバル化のなかの政治』岩波書店、二〇一六年、一三一―一三三頁、及びウルリッヒ・ベック『危険社会――新しい近代への道』東廉・伊藤美登里訳、法政大学出版会、一九九八年。
＊15　石牟礼道子『苦海浄土　全三部』藤原書店、二〇一六年、二四四頁。
＊16　例えば、時間とお金の価値基準で「つぐないつづける」という非合理を認めれば、国家はたちまち破綻する。唐突に聞こえるかも知れないが、近代社会は、死者の魂や声を呼び寄せる技術を持たない。
＊17　ユルゲン・ハーバーマス『コミュニケイション的行為の理論　下』丸山高司ほか訳、未来社、一九八七年、三〇七頁。

東日本大震災からの一〇年目 そして、関東大震災から九八年目に

二〇二一年

東日本大震災から一〇年目を、新型コロナの禍のなかで迎える。そして、このコロナ禍がひとまずの収束を迎えるだろうと見込まれる（そう願っているのだが……）二〇二三年は、関東大震災から一〇〇年目だということを意識に浮上させておきたい。

二〇二〇年夏に開催予定だった東京オリンピックは延期となり、今年開催できるかどうかも、あやしくなってきた。パンデミックの影響で仕事を失った人びとが、路上にあふれ出している。二〇二〇年の自殺者数は、リーマンショック時以来の増加だった。とりわけ、二〇二〇年一〇月に発表された女性の自殺率は、前年比八二・六％増というにわかには信じがたい数値となった。ストレス過多による家庭内でのＤＶ（ドメスティック・バイオレンス）、パートや非正規といった不安定雇用の果ての雇止めと困窮、家庭内での家事・育児・介護のみならず、女性をとりまく仕事それ自体が心身に負荷のかかるケア労働であることを浮き彫りにした。働いても、働いても認められ難いケア労働と共に、女性の社会的地位の低さが、この国のかなり深刻な人権侵害であり差別問題であることを、この自殺者の増加が如実に示しているのだが、その途上で、東京五輪・パラリンピック組織委員会の会長を務める森喜朗元首相が、女性蔑視の発言をした。この発言の翌日、「#わきまえない女」は「Twitter のトレンド一位となり、東京都への苦情電話が殺到、オリンピックのボランティアを辞退する人びとが相次いだ。IOCをはじめ世界中からの批判も押し寄せている。超高齢化と退縮化を迎える日本社会にとって、ケア労働の地位上昇とジェンダー役割への認識が根本的に転換されていかなければ、社会全体が日々の営みに支障をきたすことになるだろう。政治家の女性差別発言はこれまでも繰り返されてきたが、この状況では日本社会の停滞の原因となっている本質的な課題解決の糸口にさえ辿りつけない。

一〇年前の三月一一日。甚大地震、大津波、原発事故と連動した複合災害は、それ以前の日本社会には考えられなかった多数の難民問題をつくりだした。リスク社会の顛末は、それだけに留まらず、さらに新型コロナという災厄を引き寄せ、新たな難民を生み出すに至っている。放射能汚染による原発難民、貧困による難民、コロナ禍での医療崩壊による医療難民、差別と排外による難民……かれらはすでに複合的な〈構造的暴力〉の被害者なのだが、その裾野は広がるばかりだ。障害の有無や国籍、ジェンダー役割に伴い引き起こされる暴力もあれば、コロナ禍において注目がなされたエッセンシャルワーカーが典型例だが、職業形態や地域的格差が複雑に絡み合った抑圧も起きている。

東日本大震災の後で、もっとも気にかかったことは、この災厄の後で、日本社会が、抑圧や暴力を乗り越えられる社会になれるのかどうか、つまり、自分と「異なる他者」を受け入れられる社会になれるかどうかということだった。自然災害それ自体に対しては、時間の経過と共に回復の道筋をつけることができる。だが、災厄を起因とするようなストレスを抱えた人間が、互いに排除しあい、つぶし合いに及べば、その社会には復興どころか、自滅の道しか残されていない。

被災地からの避難や放射能汚染、ウィルス感染を起因とするいじめや差別、人種の違いに起因する排外、外国人技能実習生の強制労働問題、性暴力、障害者の殺傷事件、子どもへの虐待やネグレクト、貧困・格差の広がり、沖縄の基地問題、アイヌへの抑圧……暴力と抑圧の連鎖はとどまるところを知らない。こうした出来事は、どんな時代にも、連綿と続いてきたという人もあるだろう。だが、政治家が差別発言を繰り返すことからも分かるように、日常的に他者への偏見が巣喰っているときに、さらに不意に厄災に襲われることがある。そのたびに、暴力性をまとったさらなる排外が起きてきたことを、繰り返し想起する必要がある。九八年前の関東大震災では、民間市民、自警団、日本軍による朝鮮人への虐殺が起きている。今回のように、新型ウィルスへの長期間にわたる対処の途上で、誰もが不安やストレスを抱えて暮らしているところに、仮に何らかの災害が起きたとして、平静でいられる人の方が少ないだろう。

あまりにもたくさんの災害が起きているのでとても列挙できないが、阪神・淡路大震災、東日本大震災、そしてこの一〇〇年間で起きた多くの地震、噴火、津波、大雪……公害、原発事故の後で、関東大震災から一〇〇年目をどのように迎えるのか、心づもりをしておきたいと思う。

個人的なことは、どこまでも政治的なこと

避難所や仮設住宅を歩いていると、不意に誰かの怒鳴り声が聞こえることがあった。「うるせぇよ!」ストレス過多の状況で、誰かが怒鳴り声をあげるのは珍しいことではないけれど、怒鳴り声に慣れることもない。その度にドキッとする。そのまた誰かが、「そうなんだろうけれど、そんなこと言われたって……」と話している。何が起きているのだろう——皆が耳をそばだてる、そしてわたしも耳をそばだてる。「あの大阪から来たボランティアさん、「自立、自立。自立しなくちゃいけない」って何度も言うんだ。そうかもしれないけどさ、いまそんなこと言われたって……」怒鳴り声の意味を断片的に、把握した。阪神・淡路大震災の被災当事者だったボランティアによる助言が、耳に障ったのだ。被災経験者による新参被災者へのプレッシャー。こんなこともあるのか、と思った。あれはまだ、東日本大震災から三ヶ月を経過した頃だ。一向に片付く気配のない山と積まれた瓦礫はそのままで、いくらなんでも、「自立」を言うには早すぎると、わたしも動揺した。

しかし、ボランティアも、「オレは、あなたたちのことを思って」、「オレは、経験してきたから」と、決して譲らなかった。彼もまた、自分と同じような立場に置かれた誰かを救いたいのだと解った。

またあるとき、顔見知りの年配の女性が、「この手帳を使ってください」と、黒いちいさな手帳をわたしに差し出した。「手帳を使ってください」ということの意味が、よく分からず、わたしは驚いた。手帳をめくると、震災後の手記が、小さな文字でびっしりと書かれてあった。

毎日たくさんの支援物資が送られてきて、日本中どころか世界中からボランティアがやってくる。有難いことだ。しかし、その度に「ありがとうございます」と頭をさげ続けることがとても辛い……。と、こんな風な内容だったと思う。ここまで読んで、わたしはその手帳を丁重にお返しした。「後々のための、大事な記録になりますので」と、とり繕いの言葉でお茶を濁し、手帳を返した。大切な手帳をもらうことが悪いと思ったのではない。これはわたしの自己防衛だったと思う。正直に言えば、この手帳の先々を読むことが、自分には怖かった。しかし、しばらくのあいだ、このことで少し悩んだ。あのとき、彼女は痛みを分かち合って欲しいと、ただそう思ったのかもしれなかったからだ。そこで手帳を返すということは、その痛みの分有を拒絶するということになったのかもしれない。いまもなお、まとまりのつかない「出来事」の堆積。

またあるとき、大熊町、双葉町を訪ねた。かつてこの辺りは、梨園の広がりだった。現在は、除染土壌等の中間貯蔵施設になっている。福島第一原子力発電所の周囲一六km四方にわたって中間貯蔵のための埋め立て工事がすすめられており、許可なく立ち入ることはできない。狭い道路に、二〇トンダンプが列をなしてすれ違っていく。一望することが困難なほど広い敷地内には、汚染土壌の入った黒いフレコンバッグが積み上げられている。

除染された土壌は福島県内各地から、この中間貯蔵施設へ運び込まれ、フレコンバッグから取り出された汚染土壌をふるいにかけ、可燃物は焼却し、土壌はここに埋められる。わたしが訪れた日には、二〇トンダンプで一七五〇台の搬入があった。いまも毎日、この作業が続いている。

この場所で梨園を営んでいた男性のお話を伺う機会があった。「わたしの家は、あの貯蔵施設の下に埋められました」。大熊と双葉の海沿いは、一〇年経っても、津波が来たときのまま、時間が止まっている。さらなる「出来事」の、言葉にならない堆積。

ある兄弟のこと——心の傷を癒すということ

阪神・淡路大震災後に、「心のケア」に奔走した安克昌さんのことをわたしが知ったのは、東日本大震災直後のことで、精神科医の宮地尚子さんからご教授いただいた。[*1] 阪神・淡路大震災で先駆がつけられた試みが、東日本大震災でも当然のように必要とされていた。南三陸の避難所でも、当たり前のように、カウンセラーが常駐していた。被災地での「心のケア」に先駆をつけることは、とても大変なことだったに違いない。被災者が、他者に自分の困難を話せるようになるには時間がかかるからだ。

「「東北」の方々のメンタルケアがとても難しかった」、と言われたことがあった。被災者に「お話を聞かせてください」と言うと、カウンセラーを慮って、どうもカウンセラーが聞きたいと思うような話を取り繕って話しているようだ、という。これでは「心のケア」にはなりそうにない。しばしば、阪神・淡路大震災は都市災害で、東日本大震災は農漁村地帯の災害と言われた。「「東北」の方々へのメンタルケアがうまくいかない」のは、もちろん村落共同体由来の閉鎖性も要因のひとつではあろうが、共同体由来の「共同防貧」[*2]の備えもあったからではないかと思う。コミュニティの助け合い機能が比較的働いているのだ。いまの言葉で言えば「共助」と言うことになるだろうか。このことは、この土地で生まれ育った同郷人として、どこか解る気がした。何にせよ、人がもう一度立ち上がるためには、受けたショック相応の「手あて」が必要になる。その手立ては、すでに、安さんをはじめ先駆者によって準備されていた、ということだ。

安さんの著作と同名の映画『心の傷を癒すということ』の冒頭部分には、安兄弟が、母親の鏡台の引き出しから韓国籍の外国人登録証を見つける場面がある。安さんは、高校まで安田という日本名で暮らし、大学生になってから本名を名乗るようになった。やがて、安さんは、「在日」の精神科医になった。この映画を観ながら、わたしの脳裏に浮かんでいたのは、東日本大震災の後で、女川で暮らしていた宋神道さんが大津波から生還したことだった。東日本大震災は、関東大震災のときの、朝鮮人虐殺の記憶を持つ人びとにとっての、あの「恐れ」を蘇らせていた。それは阪神・淡路大震災のときも同様だったかもしれない。東日本大震災時における、この「恐れ」について、幾人かの「在日」の方から、わたしは直接声を聞いている。

安克昌さんは、よもや自ら大震災の被災当事者になろうとは思いもしていなかっただろう。けれども、混乱のなかで試行錯誤された「心のケア」が、あのジェノサイドへの未来からの処方であり、将来への回避を促す方法のひとつであるということに、生前の安さんは気がついておられただろうか。その道筋を、「在日」の精神科医がつけたということを、記憶しておきたい。

そして、もうひとり、安克昌さんの兄である、原子力工学者の安俊弘さんにも触れておきたい。

彼は東日本大震災直後に、「原子力発電の出口戦略」を日本社会に訴えた、ほぼ唯一の原子力工学者だった。彼の主張を、日本の「原子力ムラ」は黙殺した。だが、その後の原発政策は、彼の「出口戦略」の軌道に乗っているようにも思える。俊弘さんの主張は、「国民の支持しない原発は、淘汰される。脱原発の道筋を、原子力工学者が設計する」という「原子力ムラ」の住人からの異例の提言だった。短期的な電力供給のための原発再稼働と、使用済み核燃料の最終処分を含み込んだ長期的な脱原発の道筋がそこには描かれていた[*3]。脱原発デモが、毎日のように国会を取り囲んでいた最中のことである。

　俊弘さんは、はじめは弁護士を目指していたそうだ。しかし、一九七七年に、司法試験に合格した金敬得さんが、最高裁判所へ意見書を提出し認められるまで、在日外国人の司法修習生の資格が認められていなかったため、原子力工学に進むことにしたそうだ。

じつは、この兄弟はすでに他界している。精神科医の安克昌さんは阪神・淡路大震災の少し後に、そして兄の安俊弘さんは東日本大震災の少し後に[*4]。

　東日本大震災から一〇年目に、なぜこの兄弟のことをとりあえげたのかといえば、二つの大震災と向き合った二人の生き方が、二年後の関東大震災一〇〇年を考えるときに、わたしたちのとても大事な遺産になると思ったからだ。

註

＊1　宮地尚子＋山内明美「環状島の水位を下げる——震災とトラウマケアの10年」『現代思想』二〇二一年三月号。

＊2　柳田國男『明治大正史　世相篇』中公クラシックス、二〇〇一年。

＊3　『デーリー東北』二〇一二年五月二日付記事。

＊4　安成洋「二人の兄と二つの大震災」安克昌『新増補版　心の傷を癒すということ』作品社、二〇一九年、四六四—四八一頁。

共時的記憶の《世界》

二〇二一年

リアスの磯場は、子どもにとってはうってつけの遊び場なのだが、岩と岩が複雑に隆起しているため、危険な場所でもある。その昔、赤子を背負った子守りの少女が、岩の裂け目を飛びそこね、暗く深い海の穴に沈み、死んでしまったと語り聞かされた。子どもたちが順番に、岩の裂け目をひょいと飛び越えていったのだが、遊びに夢中になった子守りの少女は、背負っていた赤子の重さを忘れて飛んでしまったのかもしれない、そして海の穴に落ちた。その場所は、磯辺の島の裏手にあって、「十三はねぴこ」と呼ばれている。子どもにとっては大変恐ろしい場所だった。齢一三の少女が赤子の弟を背負っていたという。一三は厄年なのだという。これは宮城県南三陸町荒砥の海辺に残され口承伝承であり、実際に起こった事故のようである。いつ頃起きた出来事なのか、いまは誰も知らない。すでに昔語りとなり、少女が落ちた岩の裂け目の名称（記憶の地名）となっている。

夏休みの海辺は、子どもにとっては夢のような場所である。岩礁の生きものを見ようと、這いつくばって磯遊びに夢中になっていると、いつの間にか潮が満ちてきて、足元をすくわれそうになる。そこでようやく、自分が危機と直面していることに気がつく。ふと視界をあげても周りには誰もいない。そんなときに、海で死んだその少女が脳裏によみがえって鳥肌立ち、どうしようもなく引きずり込まれそうな気持ちになる。顔が青ざめ、心臓の鼓動が高くなる。はっと後ろを振り返ると、大抵は、少し離れたところに友だちや大人の姿が見えて、そこでやっと胸をなでおろす。その時間は、ほんの一瞬のことだ。ズボンの裾を濡らしながら滑らないように、どうにかこうにか、還って来る。そこまで来てから、何となく、あの世の少女に「ごめん」と心で謝らねばならないような気持ちになる。なぜ謝るのかといえば、もしかしたら、わたしを助けてくれようとしたのに、引きずられると思ってしまったから。あるいは、自分だけは生きて戻ったから。さらにもっと考え込んで、自分が生まれ変わって、少女の代わりに生還したのかもしれない、というかなり切実な想像にまでおよぶ。とどのつまり、おっかないのだ。この恐ろしさを、何処かへやってしまいたい。

しかし、そんな気持ちをいまになってよく思い返してみると、そこにはふたつの気持ちがはたらいていたように思う。ひとつは、どうか自分に厄災がおよばぬよう、自分だけ還ったことを少女に恨まれぬよう、海で死んでしまった少女に成仏してほしいという気持ちから。そしてふたつ目は、できるならその悲しい話が、回りまわってどこかで幸いを導いてくれるように。子守りの少女が幸せに生まれ変わっていてほしい。そんな子どもながらの、必死の気持ちだったと思う。幸いの結末に導いてやれれば、この恐ろしさは、何処かへいってくれる。

こうした経験は、おそらくわたし個人に限ったことではなく、三陸で暮らす子どもにとっては切実な社会・風土的経験で、こうした経験なしに、海辺の土地で暮らすのは困難であるように思われる。だから、海で死んだ子どもの話は、それがいつの出来事だったのかも分からないほど積み重ねられた時間の層に沈んでいても、生活史的経験のなかで浮上し、繰り返し機能する。海辺の子どもは、大人も知らないような場所で、こうした〈ちいさな海難事故〉に幾度も遭遇し生還する。過去に共同体が経験した悲しみと痛みが、岩の裂け目のあちこちに沈み込んでいるのである。こうした共時的感覚は、《三陸世界》にはごくありふれた時空認識ともいえるのだが、しかし、不意に招かれた厄災が、過去の歴史年表に記録されるような時代になると、たちまち出来事は忘却され、共時的感覚は失われる。あるいは、こうも考えられるかもしれない、圧倒的多数の人びとが文字の読み書きができなかった時代の記憶が、いまに至るまで引き継がれ、「十三はねぴこ」は、共時的に浮上するのだ、と。

記憶が、この《世界》を離れ、歴史に置き換わり外部化されればされるほど、おっかないという感覚は喪失されていく。そうした感覚の喪失は、生業世界にとっては「生き死に」に関わる危機ともなりうる。

磯場や浜辺は、陸地と海が入り混じる此岸と彼岸の境目であり、子どもはとりわけ用心だ。しかし、三陸の漁師は、毎日のようにその境界を越え、彼岸へ向けてほんのちいさな舟こぎだしてゆく。そこに広がる世界は、絶望的に巨大な環太平洋である。北からは親潮、南からは黒潮、さらに日本海側から津軽海峡を通り抜けてきた対馬海流までもが三陸沖合でぶつかり合う。どれほど技術巧みな漁師でも、複雑怪奇な潮目と海の巨大さを思えばひとたまりもない。この怪物のような潮が渦巻く海が、豊穣の証左であまた、数をも知れない人びとの命をのみ込んでいった。

だから、海と共に生きるということは、豊穰と厄災をあわせ持って生きるということでもある。三陸の漁師は、この世とあの世を毎日のように往還しながら、生まれ変わってはまた海へこぎだすのであり、死にゆく彼岸の海から、豊穰の生を持ち帰っては、その命をつないできた。死を生に、苦を楽に、悲しみを楽しみへと、この《世界》を転換する。それが、社会史的な時間のなかで醸成された三陸の人びとの生活の心性であり、三陸の人びとの底力でもある。何としても、この能力なしに、三陸の漁師にはなれないのだと思う。

しかし、こうした《三陸世界》における精神史的な営みが理解されるまでには、いま少し時間を要するだろう。自然が人間を繰り返し攪乱し続けてきたこの《世界》で、脈々とつながれてきた生とはどのような姿をしているのであろうか。たとえ漁師でなくとも、この列島に生きるわたしたちは、その幾分かでも、彼らのような生の技術を身につけるときがきているのだと思う。自然を支配できると過信していたかもしれない。厄災は、単に厄災ではない、ということを。長らく近代世界を生きてきたわたしたちは、厄災を防ぎきることに人間の幸せが待っていると考えてきた。しかし、厄災は、つねに生と一体にあったかもしれない。

女性視点から考える〈三陸世界〉

二〇二一年

はじめに

二〇一一年の東日本大震災から、一〇年の歳月が流れた。マグニチュード9・0、震度7という関東大震災以来の甚大地震と二〇メートルを超える津波が沿岸の町や漁村を襲った。さらに、翌一二日には、地震と津波の影響により炉心溶融した福島第一原子力発電所の一号機が水素爆発し、一四日から一五日にかけて三号機、二号機、四号機が次々に同様の水素爆発を引き起こすこととなった。

未曾有の複合災害はそう簡単に終息するはずもなく、一〇年後の今日になっても、東日本大震災に関わる避難者は四万二〇〇〇人*1（うち仮設住宅入居九三二戸）となっており、原発災害地域、津波被災地域共に復旧・復興工事が続いている。二〇二一年四月一日現在、「復興宣言」した自治体はひとつもない。一〇年という歳月が何かの区切りをつけていくのでもない。余震は未だ続いており、追い討ちをかけるように新型コロナのパンデミックが、ようやく立ち上がろうとする被災地でも、終わりのない不安を増幅している。

自然を完全に制圧したかのように見えた近代社会は、結局のところ、自然を制圧するために人間が作り上げたものによってさらなるリスクを招いたことに、今更ながらに気づかされた一〇年でもあった。利便性や効率性、合理性を追求し、「強い社会」であろうとしたわたしたちの社会は、依然としてヴァルネラブルでしかなかった。

小児麻痺当事者であり、小児科医の熊谷晋一郎は、東日本大震災のとき、職場である五階の研究室に取り残されたことを振り返っている。日々車椅子で生活している彼は、エレベーターが止まったことで、逃げ遅れたのだ。しかし、彼はここで、「健常者には依存先が複数用意されている」ことに気がついた。健常者は、エレベーターが止まっても、階段やはしごで逃げる「依存先」を持っている。一方、車椅子の彼には、逃げる手段がエレベーターしかない。そこで、熊谷氏は、「依存先」がたくさんある者が健常者なのであり、自立とは依存があってこそ成立するのだという視点を見出している。[*2]

成人男性を中心に据えた近代社会が、女、子ども、年寄り、障がい者といった存在を家庭、学校、養護施設といった場所に囲い込んでいったことを論じたのはミッシェル・フーコーだが、近代主義とは、ある意味、誰にも迷惑をかけずに自立した人間の生きる世界を幻視することでもあった。

だが、東日本大震災や新型コロナのパンデミックが浮き彫りにしたのは、人間とは本来ヴァルネラブルな存在であり、依存先なしで生きることはできず、ケアなしで生まれることも、育つことも、死ぬこともできないという事実である。[*3]
東日本大震災を女性視点から考えるということは、近代社会の行き詰まりを再検討することでもあろう。「弱い」ということが、ほとんど悪のように扱われてきた近代的価値観の捉え返しから、この一〇年を改めて振り返ってみる。

〈三陸世界〉のこと

二〇一一年に起きた東日本大震災は、しばしば一九九五年に起きた阪神・淡路大震災と比較され、後者が都市型災害であったのに対し、農山漁村での災害と言われた。[*4]
ここでは、三陸沿岸地域の営みのかたちを〈三陸世界〉と呼ぶことにする。生業（なりわい）とは、土や海との関わりのなかで、生きる風景を産みだす生存様式のことである。そして〈三陸世界〉とは、絶望的なまでに巨大な環太平洋と向きあう生業世界のことであり、その暮らしの姿と人びとの心性をとりまく世界観のことである。こういってよければ、それは大津波と共にある暮らしぶりでもある。海の仕事は「板子一枚下は地獄」と語られもするが、安心安全ではないし、合理的でもない。こうした生業世界では、ひたすら生の技術が錬成され、あらゆる厄災を暮らしの様式のなかに内在化し、生きることに転換する方法が積み上げられていかざるをえない。ときにそれは、結講や念仏講であったり、あるいは鹿躍りや虎舞、神楽や唄いといった暮らしに根差した郷土芸能であったりする。こうした文化的事象は、三陸に暮らす人びとの心性をかたちづくり、生の技術として継承されてきた。

例えば、宮城県気仙沼市と南三陸町が共同運営しているリアス・アーク美術館は、「東日本大震災の記録と津波の災害史」を常設展としているが、展示解説では、「津波という現象もまた地域の文化的事象、三陸沿岸部にとっては地域文化形成上の重要な要素である」と解説している。三陸沿岸で暮らす者は、やがてやってくる津波のことを知っていなくてはならない。周期性を持つ津波は、将来何度でもやってくるのであり、三陸は、海難事故、やませによる凶作、地震、津波が繰り返し襲う世界有数の災害多発地帯であり、あえていうなら「脆弱」な土地である。[*5]

「三陸で生きることは、津波とともに生きること」という〈三陸世界〉の認識は、近代的思考の枠組を超えており、巨大な防潮堤や、分厚い盛り土なしに生きていくことを、許してはくれなかった。

遅ればせの三陸における「近代化」

どのような災害の復旧・復興事業でも、当該被災地の産業構造のみならず、人間の存在様式や風土、人びとの暮らしの在り様への深い理解や造詣なしには遂行できないはずなのだが、この一〇年（二〇二一年当時）で展開されたほとんどの復旧・復興事業は、激甚災害法と国土強靭化計画基本法[*6]の組上で発想され、〝遅れた〟三陸沿岸地域を近代化するべく、より利便性の高い自動車専用道路を通し、都市部との往来を加速化し、道路や港湾部においてはパッケージングされたインフラ整備が中心となった。旧式の激甚災害法では、環境アセスメントよりも迅速さが求められたため、沿岸整備は、海へ及ぼす影響を度返しした開発整備になり、このことは〈三陸世界〉の持続可能性の足かせになりかねない状況となっている。

とりわけ、津波被害が深刻だった「浸水地域」については、軒並み一〇メートルを超える盛り土が施され、商店街や水産加工団地などがそのうえに建設された。また、海を取り囲むように建設されたコンクリートの巨大防潮堤は、それまで漁師が大事にしてきた、「身を守るために、海の表情を読む」ことさえも困難にさせてしまった。防潮堤の議論については、岩手県大槌町赤浜をフィールドにドキュメンタリー映画を撮影した小西晴子監督の議論に詳細があるので読まれたい。そこで暮らす当事者の声が、なぜ聞かれないのだろう、届かないのだろう。赤浜ばかりではない、気仙沼市では有志の市民が二〇〇回に及ぶ「防潮堤を勉強する会」を開催し、毎回の参加者は三〇〇人に迫るほどだった。海沿いの小さな港町は、それほどまでに海と陸とのあいだに壁を作ることに危機感を持っていた。地域住民や支援者が大勢押し寄せ、市民ホールは毎回、立見ができた。地元の有力者たちからも、防潮堤への強い反対意見が続出したし、南三陸でも町議会へ「防潮堤再考」の請願が地元の漁師や被災当事者から提出された。南三陸町議会は、全会一致で「防潮堤再考」の承認をした。だが、それにもかかわらず、町議会レベルの決定は法的効力がないというまことしやかな言い訳がなされ、最終的に町長は、計画通りに防潮堤を建設することにした。日常生活とは程遠い混乱状況のなかで地域住民が真剣に話し合いをし、民主的な方法で提出された防潮堤再考に関する請願は、いとも簡単に反古になってしまった。多くの声が潰れていった。ユニバーサルなまちづくりを主張した障害者と親たちの声もかき消されていった。こうした出来事は、被災地のあちこちで起きていた。

三二兆円という莫大な国費が投下されたこの復旧・復興事業は、いったい誰のために展開されているのだろう。「被災者のために」「この地域で暮らす人のために」という命題があるはずだが、復興政策それ自体がパターナリズムとして機能する場合もある。それがときに「構造的暴力」を孕むものであるということも、女性視点から考察することができる。パターナリズムとは、家父長制、温情主義などと翻訳されるが、例えば親が、「子どものために「思って」という〝愛情〟から、子どもの意思を無視して、そのライフコースにレールを敷くような行為を批判的に検討するような場合に、パターナリズムという言葉は使われる。

つまりここでは国や制度が、家族や家を失い、弱く、助けが必要な被災者のために、早回りして復興計画を準備しようとするのだが、結局のところ、被災者は子どものように保護されることはあれ、その意思が十分に尊重されえないまま、まちづくりがすすめられ、できあがったまちは、まるで自分の故郷ではないような空間の広がりになっている、という意味である。

「子どもには子どもの意思があり、女性には女性の意思がある」。このような文言への理解が、必ずしも得られない日本社会のなかで、福島をはじめとする被災地域のことを思考することがいかに困難なことかを、想像できるだろうか。このことは、地域内の合意形成以前に、復旧・復興事業におけるインフラ整備についての決定が、被災者（場合によっては被災自治体）から遠い場所にあったことを意味してもいる。*7 被災者は保護される立場であっても、復旧・復興事業の主権者としての声を必ずしも持たない。故郷を再建する途上で、被災地域及び被災自治体自身が、まちづくりに主体的に参画する自治力を削ることにもなりうる。自治力を骨抜きにされた地域の将来とは、どのようなものだろうか。

「あなた方が良かれと思ってやっていることが、実は「暴力」になりうる」という命題は、長らく女性たちが男性優位の社会に訴え続けてきた言葉でもある。ここでの「暴力」にも注釈が必要かもしれない。誰も「暴力」を振るっているなどとは、思いもしないからだ。ここでの「暴力」とは、その地域や人びとが本来有している潜在能力を発揮できず、蚊帳の外に置かれる状況を意味する「構造的暴力」[*8]のことである。自分が暮らすまちをデザインするのに、当事者が声をあげられないという状況は、現在も、日本社会のあちこちで起きている。とりわけ、原発事故以後の福島では、いつの時点で故郷へ帰還するのかさえ、当事者が自ら決定することができなくなっている。余震が続き、収束作業の途上である原子力発電所の安全性が完全とは言えない状況のなかで、帰還政策が布かれ、故郷への早期帰還か、帰還断念のふたつの選択肢しか許されない、という状況が避難者を追い込んでもいる。こうした政策の限界に対し福島県富岡町から原発避難を余儀なくされた市村高志氏は、原発避難者が帰還「保留」にする自己決定権の選択肢を増やすよう、長らく主張している。事故当時、妻と小さな三人の娘を抱えていた市村氏は、そう簡単に事故リスクの高い富岡に戻るわけにはいかないと決意する。だが将来子どもたちが帰還するという選択肢は残しておきたいと考えている。「帰還を保留する」という第三の選択肢を行政に求め「原発避難者であり続けている」が、この一〇年、政策は何も変わっていない[*9]。

日本社会の社会構造のなかの〈東北〉

また、もっとマクロな視点で、日本における東北地域を歴史的に俯瞰すれば、日本近代における東北地方は、京浜、中京、阪神、北九州の太平洋ベルト地帯構想から除外された。*10そのため、東北地方には、規模の大きな工業地帯がひとつも存在しない。東日本大震災の被災地が農漁村地帯であるということは、端的にいえば、ここが、日本における低開発地域であるということを意味してもいる。*11また、こうした議論の俎上で、「東北」には近代技術の先端である原子力発電所があるではないか、と考える人もいるのかもしれないが、福島でつくられた電力が東京都や京浜工業地帯で利用されていたことを念頭に置かねばならない。東北地方が、首都圏を支えるエネルギー、食糧、労働者の供給地であったことは幾度も指摘されてきたことである。

原発は、エネルギーの生産と供給の場であり、福島第一原発の電気は送電線を通じて京浜工業地帯や東京都民の生活に使用されるためのものであった。そして地方が、首都圏の分のリスクを抱え込んでいる構造については、本稿ではこれ以上説明はしないが、*12戦後日本の経済成長を家庭で下支えしてきた女性たちの如く、「東北」は、食糧、エネルギー、人材の供給拠点であった。そのような場所が、東日本大震災における被災地域であり、また原発事故に見舞われた事実の来し方には、自然災害によって原発事故が引き起こされたという出来事以前に、積みなさねられた歴史的背景があるということを、ここでは指摘するに留めたい。

〈三陸世界〉は、津波や地震が多発する場所ではあるのだが、そうした地域が社会構造のなかで劣位に貶められ続けることのリスクは計り知れない。低開発地域に原発施設が併存するような、弱者を弱者のままに温存する社会構造や制度的仕組みが、何を導いているのかを、わたしたちはこの一〇年に幾度も目撃している。そうした負の出来事が、水俣や福島や沖縄だけで起きているのではなく、結局のところ、巡り巡って気候変動問題や新型コロナのパンデミックとともに、世界中に何らかの厄災として蔓延していく過程が現実となっている。

被災地の女性とインターセクショナリティ

一九八〇年後半以降、地方でも多国籍化が進んだ。例えば、地方行政による外国人花嫁の受け入れ施策事例は、一九八七年の山形県大蔵村が初発である[*13]。九〇年代には、フィリピンやベトナム、中国から日本の地方農漁村への外国人花嫁を迎える施策はより一層進んだ。南三陸町では、フィリピンから嫁いだ女性が、津波に襲われ亡くなっている。やはり、フィリピンから南三陸町へ嫁いだ佐々木アメリア氏[*14]によれば、津波の犠牲となった彼女は、まだ日本語が未熟であったため、防災無線の「高台へ避難してください」というアナウンスが聞き取れなかったのではないか、と考えた。そこで、震災後に南三陸とその近隣地域で暮らすフィリピン人女性のコミュニティ「サンパギータ」を立ち上げ、キリスト教団体から支援を受け、日本語教師を招いて日本語の勉強をはじめた。南三陸で外国人女性が声をあげられたのは、町で英会話教室を経営している佐々木アメリア氏のリーダーシップがあったからであり、アメリア氏は震災以前から長期に渡り、町での外交時に通訳をする、町のなかの例外的な知識人である。また、習得した日本語能力を生かして、参加女性全員がホームヘルパー二級の資格を取得することができた。

アジアの国々から日本へ嫁ぐ女性たちは、本国で日本語を習得しているわけではない。多くは、嫁ぎ先の日々の暮らしのなかで、生活言語として土地の言葉を体得するといった方が妥当で、夫や舅、姑とのコミュニケーションは満足にはできない。こうしたコミュニケーションレスのなかで、農作業、家事、夜伽、育児、介護をこなしていかざるをえない。こうした「外国人花嫁」を取り巻く困難は、農村のなかの私的な空間で秘匿されているために外部には分かり難く、人間としての、女性としての尊厳が守られているとは言えず、自殺する方もいる。家の外にコミュニティがある分「サンパギータ」の女性たちは比較的に暮らしの悩みを共有できるだろうが、彼女たちが、支援を受けながら日本語を習得した後に取得したホームヘルパー資格とは、この土地で生きるための「技術として」必要な資格であり、彼女たちに期待されている役割が何であるのかが反映されてもいる。

山形県で精神医療に携わる五十嵐善雄氏は、外国人花嫁のカウンセリングにも当たってきたが、「彼女たちは、自分が結婚した夫がどんな人なのか、最初のうちは分かっていない。しかし、年月を重ねるにしたがって、夫の人間性が分かってきたときに、絶望するのだ」と語っている。

被災地域の外国人は、福島での原発事故直後は一時的に減少を見せたものの、一〇年を経て震災以前よりも増加している。例えば宮城県では、東日本大震災の前年である二〇一〇年には一万六五〇〇人ほどの外国人だったが、二〇二〇年には約三割にあたる六六一〇人増加し、二万三二一〇名となっている。

外国人が多く集住している地域は、仙台市に次いで石巻市、大崎市となっており、その多くが、外国人技能実習生である。沿岸部での労働力不足を補うために、海産物加工場などの仕事に従事している。日本における外国人技能実習生（以下実習生）の待遇については、受け入れ側の企業による違反事例が七割を超えるなど、奴隷労働化している事実が、大変深刻な社会問題となっている。三陸沿岸部での実習生がおかれている生活実態については調査途中であるが、賃金保証や文化的な生活が守られているとは言えない現実である。

また、イスラム教といった異なる宗教を信仰する人びとにとっては、礼拝、食事、生活習慣への理解が不可欠で、文化背景を知らないままに受け入れしている企業が少なくないため、人権侵害が日常的に起きてもいる。[*15]

おわりに――女性を取り巻く〈三陸世界〉

冒頭で、東日本大震災は、農山漁村での災害であったと書いたが、これは単にこの土地で米や魚を生産していることを意味するだけでなく、その家族形態や共同体のあり方もまた、都市社会とは異なる側面を持っているということである。地域の内側は農山漁村部と市街地がまだらに広がっており、三世帯居住があたり前のように共同体を構成し、場所によっては五〇〇年以上も地域のお祭りや鎮守の森を維持してきた集落もある。こうした地域的状況のなかへ、地域包括ケアの取り組みや、真新しいコモンズの考え方など無数の斬新な提案がなされていった。とはいえ、ここで暮らす人びとの声が必ずしも聞かれていたわけではない。ここで暮らしてきた自らの声は聞かれないままに、違和感を抱えながら新しい提案を一方的に聞かされることがずっと続いていた。

農山漁村地帯である三陸沿岸部は、食糧自給が十二分に達成されている。だから、収入は少なくても、野垂れ死する人はいない。日本社会が後期近代にいたるこの社会状況のなかで、いまさら〝近代化〟することに、どれほどの意味があるのだろう。野菜やコメと魚を融通し合い、人手が足りなければ、朝に晩に「ゆいっこ（結講）[*16]」し合うという、近代資本制では捉えられない相互扶助の優れた仕組みが「東北」にはある。「いまさら〝近代化〟」と言うのは、復興・復旧過程で、こうした相互扶助の大事な仕組みさえ喪失しかねない危機を筆者が感じているからである。真新しい無数の提案や、システムの刷新が良いことばかりとは限らないだろう。

あるいは、移転事業や復興公営住宅での暮らしは、地域を丸ごと別なパラダイムへと転換していった。津波で流され、田畑を耕すことができなくなった移住先の公営住宅では、食料のすべてを金で買わなければならない。もはや、誰かと融通できる野菜を育てることもできなければ、高齢者が健康的に働ける場所もない。そこでは、自分の育てた野菜や手作りの漬物を融通することも、あたり前だったコミュニケーションも失われている。

〈三陸世界〉の優れた相互扶助の仕組みを改良しつつ、次の一〇年で再構築する必要があるだろう。さもなければ、生の技術が摩耗し、どんなに立派な堤防や道路が整備されても、三陸は生きられる場所ではなくなる。

女性をとり巻く課題では、御多分に洩れず、子育て（とりわけ、子どもの進学）と高齢者介護がもっとも重たい問題である。三陸沿岸部では、地域のなかに多数の大家族があり、一方で核家族が周辺に偏在しているという地域的特質がある。例えば家族社会学において、近代家族概念を解説する際には、前近代における家制度からの分化形態として家庭（核家族）が語られるのだが、そうした分化過程とは異なる形態になっている。つまり、農漁業が産業基盤になっている地域の家族のかたちは、食料獲得の仕事が中心となっているため、実は漁や農事にあたる男性も、食事を扱う仕事（家事）に関わりを持っている。とはいえ、女性の仕事の比重が大変重く激しい労働であることには変わりがない。

震災直後は、デイサービスや介護施設が機能停止に陥ったため、夫の両親と妻である自分の両親の四人の介護をしていたという事例もあった。さらに、海の仕事、家事と子育てと奔走せねばならない女性の姿はあまりに過酷である。

家父長制という言葉は、家制度で使われた言葉だが、しかし、この農漁村の小さな企業体である大家族の仕組みは、改良することで、もう少し女性にとって優しい仕組みになりはしないだろうか。さらに核家族での女性の仕事の孤立化を解消する手立てではないだろうか。

繰り返すが、人は生まれるときも、死ぬときも誰かのケアが必要な存在である。にもかかわらず、ケアそれ自体が社会的命題として議論されたことはほとんどなく、その担い手の多くが女性、そして外国人女性である。新型コロナのパンデミックが見せているのは、家事・育児・介護といった貶められた無償労働が、ブーメランのように日本社会に祟っているといっても過言ではない状況だろう。

職業や性別関わりなく、社会の構成員のみなが生涯のうちのどこかで、ケアに従事することが当たり前の社会を迎えつつある。その仕事が、絶望も愛も分かち合う、人間にとって責任のある大切な仕事であることにそろそろ気がついても良いのではないだろうか。ホワイトカラー／ブルーカラーといった職業区別／差別の在り様や、その下位に位置づけられて来た女性の無償労働。海や土に関わること、いのちをつなぐ仕事や生き方が、劣位とされ顧みられてこなかったことと、環境問題や気候変動問題はパラレルな共犯関係にある。

被災地のこれから一〇年も、これまでの地域社会の仕組みを組み替えつつ、女性や外国人といった特定の誰かに皺寄せが行くような社会を越えて、つながりあって生きる〈三陸世界〉を構想したい。

註

＊1　「全国の避難者数（令和3年1月13日現在）」復興庁、二〇二一年一月二七日発表。
＊2　熊谷晋一郎「自立は、依存先を増やすこと希望は、絶望を分かち合うこと」『TOKYO人権』第五六号、二〇一二年一一月二七日発行。
＊3　こうした議論には、例えばエヴァ・フェダー・キテイ『愛の労働あるいは依存とケアの正義論』岡野八代＋牟田和恵監訳、白澤社、二〇一〇年。

＊4　こうした災害比較は、比較対象によって大きく状況の見方を変化させる。例えば二〇〇四年のスマトラ沖地震や二〇一〇年に起きたハイチ地震と比較した場合には、東日本大震災における支援のあり方が国家レベルのみならず、民間、個人レベルでも国境を越えた。ボランティア活動は、世界中からSNSで直接被災者とつながる画期ともなった。

＊5　三陸の地名については、古くは陸奥、陸中、陸前の「三陸」の意であるが、本論では特に東日本大震災において深刻な津波被害に遭った、福島県、宮城県、岩手県、青森県の太平洋沿岸部としておく。

＊6　激甚災害法は昭和三七年（平成二八年に一部改正）に制定されたが、迅速に復旧・復興事業をすることに比重が置かれた災害法のため、環境問題等への配慮が時代のニーズに合わないことが度々指摘されている。東日本大震災でも、巨大防潮堤の建設などによる海環境、ヒートアイランド等の影響が懸念されている。また国土強靭化基本法は、東日本大震災の二年度後、平成二五年に制定され、一〇年間で二〇〇兆円の国家予算計画が発表された。参照：内閣府「激甚災害に対処するための特別の財政援助等に関する法律」（昭和三七年九月六日法律第一五〇号）及び、内閣官房「強くしなやかな国民生活の実現を図るための防災・減災等に資する国土強靭化基本法」（平成二五年一二月一一日法律第九五号）。

＊7　例えば、宮城県震災復興会議は東京で開催され、一二名の委員のうち宮城県関係者が二名だったことは、震災直後に、被災当事者らの危機意識とともにしばしばテレビ、新聞等で報道された。

＊8　構造的暴力については、実務として紛争処理、平和問題に取り組んできたヨハン・ガルトゥングに次のような明確な定義がある。「ある人にたいして影響力が行使された結果、彼が現実的に肉体的、精神的に実現しえたものが、彼のもつ潜在的実現可能性を下まわった場合、そこには暴力が存在する」。ヨハン・ガルトゥング『構造的暴力と平和』高柳先男＋塩屋保＋酒井由美子訳、中央大学出版会、一九九一年。

＊9　市村高志「原発事故からの一〇年を避難当事者の視点で振り返る」『現代思想』二〇二一年三月号。

＊10　東北地方に工業地帯がおかれなかった要因のひとつは、戊辰戦争で負けた反藩閥だったからであるとも言われている。

＊11　もっとも、筆者は、一次産業を低開発とは一概に考えてはいないし、公害問題や昨今の気候変動や環境問

題を考えれば、巨大な工業ベルト地帯があることを良いことだとも思ってはいない。

＊12　日本の社会構造における東北地方の位置づけについては、以下参照されたい。山内明美「飢餓をめぐる東京／東北」赤坂憲雄＋小熊英二編著『「辺境」からはじまる――東京／東北論』明石書店、二〇一二年。及び山内明美「《圏域》のディアスポラ――東北をめぐる水平的断層」杉田敦編『岩波講座　現代　第4巻　グローバル化のなかの政治』岩波書店、二〇一六年。

＊13　精神科医である五十嵐善雄は、山形県に診療所を設け、外国人花嫁からの相談やメンタルケアにもあたり、地方農村に迎え入れられる外国人女性の困難について幾つか論考を遺している。五十嵐善雄「外国人花嫁――治療者が心しておくべきこと」『精神療法』二〇二〇年四月号。

＊14　佐々木アメリア氏は、三〇年ほど前に南三陸出身の遠洋マグロ漁船に乗っていた男性と結婚、南三陸で長らく英会話教室を運営している。東日本大震災後は、フィリピン人女性のコミュニティ「サンパギータ」を立ち上げ活動している。

＊15　長尾修平「外国人実習生と地域社会とのつながり――宮城県釜石市を事例として」、二〇二一年三月。宮城教育大学へ提出された卒業論文である。長尾は、学生生活のかたわらボランティアで、外国人技能実習生へ向けての日本語講師をしており、三陸沿岸部で知られていなかった実習生の生活実態について報告している。

＊16　結（結講）とは、互いに仕事を手伝うこと。田植えや稲刈りといった農繁期に、集落総出で互いの仕事を一緒に行う。現在は機械化などにより結は希薄化していると言われるが、漁村などでも朝の仕事夕方の仕事をそれぞれ互いに手伝うなど、日常的である。

〈三陸世界〉に生きるということを学ぶ

二〇二一年

はじめに

いまから二六〇年前、青森県八戸市で町医者をしていた安藤昌益は、この世（法世）で起きる災害は、すべて人災であると喝破した。自ら直耕／直織をしない不耕貪食の輩が社会を支配したことによって、天地のバランスが崩れ、権力者が幅を利かせる法世となり、かつては男女互性だった自然の世は、男女が別たれ、上下の差別が生じ、やがて災害が引き起こされるのだと論じた。北東北で生まれた昌益の思想書『自然真営道』は、まるでわたしたちの現在を見通していたかのようだ。[*1] 東日本大震災後の復旧・復興事業によって、郷里の風景が変貌をとげていくなかで、ある時点からわたしはこの場所を、あえて〈三陸世界〉と呼ぶことにした。その呼び名は「生業世界」でも「生活世界」でもよかったのだが、しかしそうまでして名づけなければ、わたしたちは、この〈世界／故郷〉の、何を喪失してしまったのかが分からなくなってしまうのではないかと思った。大津波による犠牲と被害はとても大きいものだ。だが、人間による復興事業によって、第二の津波が引き起こされ、より大きな影響を〈三陸世界〉にもたらすのではないかという懸念もあった。三陸沿岸部が遅れればせの〝近代化〟を経たとき、海や山から物理的、精神的に人びとが遠のき、立派な高速道路と巨大な防潮堤だけが屹立しているただの空間になれば、この場所は生きられる故郷ではなくなるだろう。

本稿では〈三陸世界〉の再検討とともに、東日本大震災以後一〇年間の南三陸での活動の一部について、ちいさな記録を記したい。

〈三陸世界〉のこと

海と生きるということは、豊穣と災厄とをあわせ持って生きるということでもある。三陸の漁師は、この世とあの世を毎日のように往還しながら、生まれ変わってはまた海へ漕ぎ出すのであり、死にゆく彼岸の海から、豊穣の生を持ち帰っては、その命をつないできた。

気仙沼市と南三陸町が共同運営しているリアス・アーク美術館は、「東日本大震災の記録と津波の災害史」を常設展示としている。展示室に掲げられているパネルには、「津波という現象もまた地域の文化的事象、三陸沿岸部にとっては地域文化形成上の重要な要素であると捉えてきました[*2]」と書かれてある。このことは、裏を返せば、津波があるから三陸なのだと言っているようにも捉えられるかもしれない。三陸沿岸をこのように表現することには、批判もともなうだろうし、自然災害を排除しようとする近代的価値意識では許容の難しい表現になっている。しかし、過去から、そして未来永劫、繰り返し三陸が津波に襲われることは、分かっていなければならないことであり、三陸の暮らしとは、絶望的に巨大な環太平洋と向き合う暮らしである。

もっといえば、〈三陸世界〉に生きることは、その絶望的に巨大な環太平洋に小さな舟を漕ぎだす漁師の生き様そのものでもあるだろう。この海で生きることは常にリスクをともなうのである。例えば、一七〇七（安永四）年の伊達藩の記録によれば、「小泉、歌津、荒砥、長清水、十三浜、諸浜の漁船、漁夫二八三人、防風に漂流し行方知れず[*3]」とある。沖合で天候が急変したのだろうか、二八三名の漁夫がいなくなった沿岸部の村々は、大黒柱の男を失い、その後どうなったのかについての記録はない。女、子ども、年寄りだけが残された村もあっただろう。あるいは、一七七三（寛政五）年に石巻港を出港した千石船の若宮丸が、米を運ぶ目的地だった江戸とは逆方向のアリューシャン列島へ漂着し、日本人ではじめて世界一周したことも知られている[*4]。三陸沖は、南からの親潮、北からの黒潮、そして日本海から津軽海峡を抜けてきた対馬海流もぶつかる世界的な漁場なのだが、どんなに技術巧みな漁師でも、複雑な海流と天候悪化に見舞われればひとたまりもない。

こうして考えれば、〈三陸世界〉とは、地震、津波、冷害、海難事故といった災害多発地帯であり、近代以後になっても、豊穣と災厄の狭間で生きることに大きな違いはない。このことは何よりも、東日本大震災が明らかにしたことだった。近代を包み込んでも余りある知として、〈三陸世界〉を知るために最初に取り組んだのは、資源地図をつくることだった。津波被害があまりに大きく、まちづくりを考えようにも、あまりにも破壊されつくされていた。まずは、南三陸町全域を見渡せる概念地図を、自分の勉強としてもつくってみる必要があると感じていた。地図には、漁師しか知らない海辺の呼び名も細かく入れることにした。地図の余白部分には、南三陸町の町民憲章、南三陸の分水嶺と流域について、郷土芸能、特産物、そして津波伝承を持つ地名などを盛り込んだ。裏面には災害の歴史、南三陸の地域の歴史クロニクルを配置した。南三陸の人びとの営みが、この土地と海を基盤に営まれてきたことを、具体的なまちづくりを考えるうえで、いま一度考え材料としてもらうための準備作業だった。だが、地図を配布しただけでは利用方法が分からないだろうとも思い、この地図を見ながらのワークショップを展開することにした。

冒頭でも触れたように〈三陸世界〉とは、海と生きる生業世界の別名なのだが、端的にいえば、すべてが衣食住に直結した人間にとって基本的な暮らしのことである。安藤昌益を範にとって言えば「直耕世界」とでもなるだろうか。例えば、南三陸杉について知ることは、山の環境を知り、その材を利用して生活の場としての家を建てることであり、海に生きることは雨風のことをおもんぱかり、魚つき林から魚類の生態までをも熟知することである。そこには、つねに世界を総体として観察する力が必要となる。近代社会で生きるわたしたちは、例えば自分が日々食べている魚や野菜が何処でどのように作られているのかさえ知らずに暮らしている。自分が捨てたゴミがどうなっていくのかを考えることもない。社会の仕組みが分化、疎外のうえで成立し、あたかも都市社会だけで自立できているかのような幻想を抱いてしまう。だが、東日本大震災がわたしたちに教えたことは、自然がつねに身近であること、人間がその欲望によって使いたいだけエネルギーを使っていれば、やがて何処かへしわ寄せが行き、故郷を喪失するような大変深刻な事態を招くということだった。

南三陸の風土を生かしながら、海や森をこれ以上傷つけずに、持続可能な地域づくりをしていくことは、三陸の人びとがこの土地で生きていくために必要不可欠な軌道であると同時に、〈三陸世界〉には、近代社会を包み込んでも余りあるような知恵が内包されているのだと感じている。このことは、貨幣経済だけに依存する社会ではない、三陸が歴史風土的に乗り越えてきた生の技術というものがあり、この地で醸成された「風土資本」（筆者は○○資本という言い方があまり好きではないが……）のようなものを浮き彫りにする作業が必要と感じていた。

それは、「この世の一切を躍り供養する」と石塔に刻まれ戸倉地区水戸辺の郷土芸能

「伝承切り紙」も、漁師が朝な夕なに、その日の仕事を支え合う「ゆいっこ」も生の技術である。地域内でのケアの連続と複合のなかで、地域の営みがつながれてきた。

「鹿子躍（ししおどり）」もそうであろうし、工藤真弓さんらが継承している

〈三陸世界〉を学校で学ぶ

東日本大震災の翌年からはじまった南三陸町内の中学校での総合学習授業「南三陸森里海連環学」は九年目を迎えた。昨年は新型コロナの影響で座学だけの展開になったが、本年度も例年通り準備を進めている。

「森里海連環学」は、京都大学フィールド科学研究センターより看板をお借りして開催してきた。「森里海連環」の考え方は、二〇〇三年に京都大学でヒラメの研究をされてきた田中克と林学の研究者である竹内典之が、地球環境問題が深刻化する時代にあって、海洋学が海だけのことを、林学が山だけのことを研究していては課題解決にならない、ということから出発した領域横断型の学際知である。

日本には、近世から生業の知としての「魚つき林」の考え方もあり、豊かな森林が漁場をつくるという思想は、三陸沿岸部でも大変なじみ深い知である。こうした考え方は、

一九八〇年代に気仙沼市舞根の畠山重篤氏の「森は海の恋人」運動に引き継がれ、南三陸でも漁師が植林をする取り組みが、震災以前から行なわれていた。このような地域での経験も踏まえながら、海洋学研究者、林学研究者との連携のなかでカリキュラムを組み、南三陸の漁師、林業家、製材所、大工といった生業を営む方々のお力添えをいただいて続けられてきた。この試みは、東京都にある大正大学が主催している。

海や山が身近にありながら、南三陸の子どもたちでも、日常的に自然に触れる機会が多いとはいえない。復旧・復興事業により、この一〇年間は町中が工事現場となっており、海へ近づくこともままならない状況のなかで、南三陸での森里海連環学をはじめた。

震災後のごく初期には余震でフラッシュバックを起こす生徒の報告も受けており、子育てする保護者もなんとか子どもを守ろうと必死だった。どれほどの意味を持ちえているかは、わたしも分からないのだが、自然に直接触れること、場合によっては馬も連れてくること、「東北」で生きること、〈三陸世界〉で生きることを念頭に、やれるだけのことをやりたいと考え、地域のみなさんにご相談した。

志津川中学校の裏山には、五〇年を超える南三陸杉が茂っており、林業家の佐藤久一郎氏、太一氏の協力を得て、毎年三本ほど伐採している。山の学びでは、生徒たちが、自分の年齢よりもはるか昔、曾祖父、曾祖母の時代に植えられ、祖父祖母、父母の世代の地域の人びとがこの杉をここまで育てていたことをはじめて知ることになる。林業の仕事が三世代にわたること、その仕事が受け継がれてわたしたちの住む家がやっとできること、そして、この杉が、南三陸の気候風土のなかで育つことを実地のなかで、直接林業家からお話を伺うことになる。効率性とは真逆の世界が、すぐそこに広がっている。

あるいは、遠野から馬をわざわざ連れてきてもらい、人間と馬のパートナーシップ[*5]によって馬搬（東北地方では、「地駄曳」という）も行なう。はじめは、馬に木材を運ばせることが可哀そうだと感じる生徒や学生もいるのだが、馬方の岩間さんが馬と会話しながら、馬と息を合わせて仕事をする様子を知ることになる。岩間さんは、実習のなかで、「絆」という漢字は、地駄曳き（馬搬）からできた言葉で、「手綱」のことを意味するのだと生徒へ語りかける。「絆という漢字は、どうして糸が太いと書かないのでしょうね、糸が強いと書かないのでしょう。絆なのに、糸が半分と書きます。それは、ほんとうに絆があるなら、もう手綱は必要ないからです」。

さらに、大工の杉原敬さんが、南三陸杉での木工作業を展開してくださっている。一二〇〇年ものあいだ、この列島で耐え抜いてきた日本の伝統建築を易しく解説しながら、清水寺の檜舞台と同様の柱と貫構造を縮尺化した大変贅沢な木製ラックを、生徒は自分でつくる。自分のつくったラックの柱と貫が地震のたびに揺れても、木組みが絞まっていることを確認する。やがて、自分の家を建てるとき、きっと役立つ知恵になるだろう。

おわりにかえて

こうして学んだほとんどの子どもたちは、漁師や林業家になるわけではないのだが、効率化や合理化とは異なる、もうひとつの世界観や価値観を知るすべは、南三陸で暮らしているあいだに限られるのかもしれない。この学びが、どこでどのように実を結ぶのかも、分からない。

だが、近代の顚末が原発事故へ結びついてゆくリスク過多の時代のなか、幾ばくかでも、生の技術としての〈三陸世界〉の知に触れてほしいと思っている。たとえ貨幣経済に敗北したとしても、工夫して生きることで幸せを得ることは十分可能だということを、やがて来るだろう地震や津波と向きあうその日のためにも。

註

＊1　安藤昌益『稿本自然真営道第4　私法儒書1』『安藤昌益全集　第三巻』農山漁村文化協会、一九八三年二八四頁。

＊2　リアス・アーク美術館常設展示「東日本大震災の記録と津波の災害史」展示解説より。

＊3　『志津川町誌Ⅲ　歴史の標』一九九一年、志津川町、四二四頁。

＊4　『江戸学叢書67　初めて世界一周した日本人若宮丸漂流民』、国宝大崎八幡宮仙台、一九九五年。

＊5　被災地域の学校での総合学習授業で馬を扱うことにしたのは、当初は子どもたちのメンタルケアのためだった。

日本型複合差別−試論

核をめぐるインターセクショナリティ

はじめに

銀の滴降る降るまわりに、金の滴降る降るまわりに

——知里幸恵編訳『アイヌ神謡集』

アイヌ語を日本語に翻訳した知里幸恵の、あまりに有名な一節である。

『アイヌ神謡集』の序には、大正一一年三月一日と日付があり、二〇二二年の今年は、知里幸恵の没後一〇〇年にあたる。アイヌ民族のユーカラが、はじめて活字となって出版されたのは翌大正一二（一九二三）年のことで、心臓を患っていた幸恵は、寄宿していた金田一京助の家で、僅か一九年の生涯を閉じた。命の灯が消えかかる間際に校正を終えた原稿に、金田一が解説を加え、幸恵が亡くなった翌年に出版されたのが『アイヌ神謡集』である。この本は、現在に至るまで、アイヌ民族の抒情詩を現代に伝える金字塔であり、アイヌ語を学ぶ手引き書としても、最も愛されている一冊だろう。

冒頭の「銀の滴降る降るまわりに、金の滴降る降るまわりに」[*1]は、幸恵がアイヌ語から日本語へ翻訳した表現である。アイヌ語には書き言葉がない。あえてアルファベットでアイヌ語の「声」を起こせば“Shirokanipe ranran pishkan, konkanipe ranran pishkan”[*2]となる。幸恵は、両親の意思で生まれてすぐに受洗しているが、アルファベットは独学で学んだ。だが、アイヌのユーカラは「神謡」であって、アイヌの人びとのあいだでは節をつけて謡われるものであり、そのリズムを活字で伝えることにもどかしさがある。[*3]

わたしは先に「アイヌ語には書き言葉がない」と書いた。しかし、言葉と謡が相まってはじめて成立するアイヌ語にとって、書き言葉は、リズムも節も表現できない頼りない方法であるに違いない。そしてアイヌ語は、文字表記されることでむしろ、アイヌ世界の半分を失ったのかもしれない。アイヌ語が文字を持たないのは、生活世界におけるカムイとの交渉が、文字に表記したのでは役に立たないからである。いまここにある世界が、過去や未来と共にここに現れるのであり、そのどれも書き言葉としてノートにしまっておくのでは意味がないからだろう。もしその感覚的次元を少しでも共有しようと思うなら、戦災や災害地における「語り部」が、忘却のときのために記録を残すという文字によってではなく、生きることそれ自体を、いまここで共有しようとするような場所のなかに身を置くことで、幾ばくかの想像ができるかもしれない。伝承世界は、土地に宿っているからだ。

近代は、文字を持たない世界の存在を許さない。古文書が存在しないアイヌ民族にとって、先住民であることの「正統性」(この正統性とは無論、大和側の)を問われる時代が到来していた。そうした時代の陥落の際で、一九歳のアイヌ女性が、一〇〇年前、アイヌ語と日本語のはざまで格闘していた。それはアイヌ語をこの世界へ遺そうとする、書き言葉への「譲歩」だっただろうか。それとも、アイヌ民族を和人に理解してほしいという「願い」だっただろうか。

その昔この広い北海道は、私たちの先祖の自由の天地でありました。〔…〕平和の境、それも今は昔、夢は破れて幾十年、この地は急速な変転をなし、山野は村に、村は町にと次第々々に開けてゆく。[*4]

自らをアイヌ(人間)と呼称していた人びとを、開拓使が「旧土人」と定めたのは、一八七八年のことであり、それが保護法となって施行されたのは一八九九年である。幸恵が生まれるほんの数年前の出来事だった。自分たちへの思いもよらない侮蔑的な呼称、コタンは村や町となり、節のない文字によってしかアイヌの〈生〉の痕跡を遺せなくなったいま、それでも、「アイヌ語に生まれアイヌ語の中に生いたった」幸恵が、「拙い筆」に渾身の願いを込めた神謡集はあまりに重たい。「翻訳」という言葉同士の世界を越境する試みのなかにも、アイヌ語/日本語、日本語/中国語・英語のような権力関係はずっとあったのであり、インターセクショナリティを語るその言葉は、何語で語ればよいだろう。わたしの母語は、気仙語[*5]なのだが。

あるいは、近世中期の北東北に生きた町医者の安藤昌益は、エリートの書き言葉である漢字に含まれるヒエラルキーを批判し、これを打破すべく私製字書[*6]までつくって、『自然真営道』を著した。昌益の書物では「天地」は「転定」と記述される。天地と書いたのでは、そこに上下の意味がつきまとうからだ。そこには執拗なまでに、書き言葉の権威を転倒しようとする意志がある。

日本における近代的自意識のはじまりは、〈蝦夷〉地に暮らすアイヌ民族を「旧土人」と位置付けることで成立した。日本という国の近代的自意識の成立過程を歴史的断層から眺めれば、ウェスタン・インパクトを背景としながら、北のアイヌ、南の琉球、そして中国と朝鮮半島からせり上がってくることは明らかである。日本におけるナショナリズム論は多く書かれてきた。だが、日本における差別の複合的構造が何を基層にしているのかの議論には、まだ手が届いていない。そこにどんな抑圧があったのか、どれほどの捩れと、屈折があるのかも分からない。「苦しさ／抑圧」は、語られることはあれ、文字に遺されなかったからである[*7]。

例えば鵜飼哲は、「中国、朝鮮を「前近代」扱いする日本ナショナリズムの定型」について、次のように語っている。

中国と朝鮮に対する日本特有の侮蔑的な差別感情には、西洋から日本に対して言われたことがかなり投影されていることは明らかです。実際われわれは多くのものを共有しているし、そのなかには、確かに否定的なものも少なくありません。日本の植民地主義的膨張の結果は現在の日本の領土のうちにも沖縄と北海道という形で存在していますが、とりわけ北海道、アイヌ民族との関係を遡れば、近代を越えて古代の東北侵略に行き当たります。古代の蝦夷征服戦争には大陸からの渡来者も参加していますし、そのイデオロギーも多かれ少なかれ中国の影響下にありました。否定的な文化要素についても〈日本〉から〈中国〉を引き去ることは容易ではなく、日本人の中国嫌悪は往々にして自己嫌悪の投影に陥ります。

我々が日本を息苦しいと思うとき、その息苦しさの何分かは、中国と無縁ではない何かに由来している。植民地主義を首尾一貫した形で思考しようとするとき逢着する困難の一つは、前近代的な征服や支配と、近代的な植民地支配の連続性と非連続性をどう見定めるかという点です。ヨーロッパでは、コロニアリズムという言葉と現象の起源にほかならない古代ローマ帝国を同時に問わなければ、近代の植民地主義自体根本的に問うことができません。東アジアでも同種の問いが、今後、必要な修正を加えつつ、何らかの形で、否応なく問われることになるでしょう。[*8]

ここに鵜飼の引用を長々としたのは、日本における複合差別の構造を論じようとするわたし自身が、古代における「東北侵略」の史実／事実について、現代に持ち出して論じることに曰く言い難い困難を想うからであり、日本における差別を問おうとするとき、当然のように議論されてしかるべき日本のコロニアリズムの基層問題がいまもって途上であることを、ポスト・コロニアリズムの専門家が指摘しているからである。

なぜ、日本古代における〈東北〉の、深刻なジェノサイドをともなう植民地化の歴史的事実について、日本の思想界は議論してこなかったのだろう。近年の考古学資料やアイヌのユーカラといった口承資料も扱われるようになってきた昨今の東北史研究の蓄積を考えれば、〈蝦夷〉についての討議の機は熟しているはずである。わたしはなぜ、曰く言い難い気持ちに囚われているのだろう。それは、わたし自身の内側に、差別が巣食っているからだろう。（おそらく、わたしのこの「曰く言い難い」感情それ自体が、インターセクショナリティが喚起する論点だろう）。とるに足らない〈東北〉での出来事だったから――このような状況に置かれたメンタリティ。もし、またこの心情に囚われるなら、福島での一連の出来事も、同じように闇に葬り去られるだろう。施政者にとって、その土地を覆っている「敗北感」は魅惑的なものである。*9 増え続ける使用済み核燃料が、議論の余地なく〈蝦夷〉地（北海道、東北地方）へ持ち込まれるような、幾度も踏んできた同じ轍を、また踏むだろう（踏まされるだろう）。だから、意識に浮上させ、曰く言い難くても語ら（れ）なければならない、思考されなければならない。ここが、〈蝦夷〉地とされてきた、そのことを、である。

当たり前に可能だった「生活世界」がはく奪されることが何を意味するのかを、わたしたちは、すでに経験済みだろう。原発事故のみならず、度重なる災害や新型コロナのパンデミックが示したのは、抑圧そのものが生きもののように細胞分裂し、増幅するのだということだ。この二年間だけでも、どれほどの〈暴力〉が生み出されただろう。自傷／他傷、自殺／他殺——いじめ、虐待、ネグレクト、レイシズム、民族差別……そして戦争。こうした抑圧は、反射し、屈折し、加害と被害の関係さえ反転を繰り返しながら数世代を超えるほど長いあいだ、人間社会のなかに「生息」し、やがてどこかでFuture Trouble（あとくされ）[*10]となる。だが、わたしたちの世界には、過去や未来をケアしてくれるノロやイタコは存在しない、カムイもいない。

ここでは、日本をめぐる複合差別の様相を歴史的に俯瞰しつつ、最後は、現在へ＝福島の〈核心現場〉へ戻って来たいと思う。ここでの論点は、華夷思想における東夷の日本であり、アメリカの原子力爆弾投下の地としての有色の日本であり、さらなる東夷と有色のなかで再生産され続ける〈蝦夷〉地である。そして、汚染の地となり、生活世界をはく奪されていった世界中の〈蝦夷地／遍在する東北〉からの応答責任[*11]についても、考えたいと思う。

複合差別

「複合差別[*12]」は上野千鶴子の造語である。一九七五年に有吉佐和子が発表した小説『複合汚染』にちなんでのことで、上野は、「複合差別」を次のように定義している。「「複合差別」は単に複数の差別が蓄積的に重なった状況をさすのではない。複数の差別が、それを成り立たせる複数の文脈のなかでねじれたり、葛藤したり、ひとつの差別がほかの差別を強化したり、補償したり、という複雑な関係にある[*13]」。

ここでも基本的な考え方は、日本のフェミニズムから醸成された上野の「複合差別論」を踏襲する。

執拗低音としてのシノセントリズム

〈蝦夷〉地という名称は、古代中国の華夷思想に由来する。

東アジアにおける中心は文字通りの「中国」であり、その周辺に「夷狄《いてき》」が位置づけられ、政治的な排除と教化の対象とされた。戎・狄・蛮・夷の四夷が異種族の意味とされ、輸入された差別観念として日本へ定着していった。

中国文明圏から日本を眺めれば、異民族の住む朝鮮半島や日本は「東夷」と蔑視されたが、日本国内では、中央貴族たちによって北越や奥羽に暮らす人びとが、中央政府と敵対関係にある人びとのことを、おなじ神を「まつろわぬ」者という意味で「蝦夷《エミシ》」と蔑称した。平安や奈良時代には、この「蝦夷」という蔑称それ自体は特定の異民族を意味するものではなかった、と言われている。*14

八、九世紀以降の古代国家による東北政策の積極的な進展と奥羽エミシに対する支配の強化、さらに九世紀末の出羽国における秋田郡の建置、十世紀半ばの陸奥国での岩手郡の建置などをつうじて、郡びとたちのエミシ観念に大きな変化が生じてきた。すなわち、平安後期を境に、それまで長年定着していた「エミシ」の呼称が新たに「エゾ」へと変化し、しかもその対象地域が、道の奥＝東北北部からさらに北上して、中世の津軽・糠部郡から北海道・千島へかけた地へと移行しただけではなく、その内容も従来の〝まつろわぬ人たち〟というものから、明らかに異民族として意識した概念へと急速に変貌していった。*15

三〇〇年に及んだ古代「東北征討／侵略」は、政治的に対立するエミシへの蔑視、輸入された華夷秩序や不浄観などと結びつきながら、強い差別観念を生み出すことになり、近世には完全に固定化されていった。

さらに幕末には、漢民族の明が倒れ、それまで異民族とされていた女真族の清王朝が誕生（華夷変態）したことにより、東夷とされてきた日本の自意識は、新たな日本型華夷秩序や日本中華主義を認識させることになっていった。[*16] 桂島宣弘氏は、本居宣長が生きた一八世紀徳川日本について、「中華文明圏にあった徳川日本が、中華文明を相対化し、あるいはそこから「自立」し、さらにいえばロシアの接近を契機として「近代世界システム」と接触を開始する時代[*17]」であると論じている。桂島氏は、後期水戸学と蝦夷地問題に関連させつつ、徳川斉昭が『北方未来考』（一八三三〔天保四〕年）において、蝦夷地を日本の地と設定し、アイヌ人を異化しつつ「風俗改替・教化」について論じていることと、会澤正志斎の『新論』（一八二五〔文政八〕年）における「典礼教化」によって「民心を一」にすることとが軌を一にしていると論じてもいる。[*18] ここには、宣長における「日本語」の浮上も連なるだろう。こうした論理のなかで、アイヌ語は教化の対象と見做されるに至る。

ここでは短い議論に留めておくが、確認しておきたいことは、通奏低音としてのシノセントリズムの差別構造それ自体が、大きく変わることなく、反転や屈折を繰り返しながら、古代から近代へと到達しているということである。

古代以来の差別に加え、集権的な幕藩制国家が成立したことにより、アイヌ民族が歴史の上ではじめて国家的規模での収奪の嵐にさらされただけでなく、「日本型華夷秩序」を軸とした特殊な対外関係の枠のなかで、差別体制が固定化され、かつそれによって、アイヌ民族への差別が新たなかたちで再生産された。[*19]

東北征討/侵略とアイヌ民族差別の議論が混在しているように思われるかもしれないが、ここではひとまず〈蝦夷〉地がどのような過程で浮上し、異化されてきたかを確認しておく。アイヌが前近代扱いされたことと、〈東北〉が遅れた土地と見做され続けたことのあいだには華夷秩序を起点とする歴史的な連続性がある。もちろんアイヌ/支配者の顔を持つ〈東北〉和人のあいだには断絶も、ある。

さらに、近代国家建設の途上で、天皇が政治の場に復活したとき、〈東北〉が「敗戦地」として、近代国家へ参入した地域であることもかなり大きな議論になるのだが、それは別の稿に譲ることにする。[*20]

戦後執拗低音としてのアメリカニズム――核時代のレイシズム

何が連続していて、何が断絶しているのかを慎重に見定める必要は、ある。決して偶然ではない連続がここにはあり、偶然ともいえる断絶も、ある。

福島での原発事故を受けて、この一一年のあいだに引き起こされた出来事のある部分は、広島、長崎への原爆投下以後の様々な災厄を想起させもした（事故以後に、谷中村や水俣、四日市に学んだ人びとも少なくない）。破壊や犠牲、原爆症といった強烈な出来事はもちろんのこと、ミクロな場面ではより一層明確に想像できるようになったということだ。例えばそこには、被ばく差別に伴うようないじめや言葉の暴力、ＤＶ、アルコール依存のような依存症、ジェンダー問題あるいは断続的に起こる心身の倦怠感やそこに付随するセルフ・ネグレクト、虐待、ＰＴＳＤなどメンタルに関わる不調といった問題もあるだろう。あらゆる抑圧が想像される。インターセクショナリティを検討しようとするときに立ち現れる世界は、暴力や抑圧の裾野が、変転しつつどこまでも広がっていくことだが[*21]、広がりの際に行けば行くほど、とるに足らないこととして回収され、虐待やＰＴＳＤが世代を越えて連鎖していった後には、その発端が何であったのかは不明となって、ただ貧困や無気力がそこにぽつねんと、当事者の問題となって置き去りになる、そんなイメージだ。そういう意味では、激烈な破壊であった広島・長崎の抑圧の連鎖の裾野は、はてしなく広がっているのであり、近代社会におけるリスクの堆積は計り知れないものがあるだろう。しかも、そうした抑圧の連鎖が、どこでどんな風に消滅するのか（しないのか）を、誰も見たことがない。さて、話を戻そう。

アメリカにおける核開発を研究している人文地理学者の石山徳子は、アメリカの核開発を支えているのは、「周縁化された先住民族をはじめとする有色人種、そして貧困層の存在」であるとし、セトラー・コロニアリズム（入植植民地主義、定住型植民地主義）について議論している。ここでも、セトラー・コロニアリズムの内実が、単発の事象ではなく「社会・政治経済的構造そのものであり、それだけ根深く、征服と抑圧のシステム」を生み出していると指摘する。*22

一九四二年、ルーズベルト大統領の元で承認されたマンハッタン計画は、広島・長崎での原爆投下を生み出した核兵器開発プロジェクトだが、長崎に投下された原子力爆弾（ファットマン）に搭載されたプルトニウムは、かつてはアメリカ先住民の聖地だったワシントン州ハンフォードの精製工場でつくられた。ハンフォード・サイトは、プルトニウム汚染のもっとも深刻な場所として知られている。一連の議論で石山がくり返し指摘しているのは、こうした核開発の現場用地やその労働を直接的に支えるのが、先住民や有色人の周縁化された人びとであるということであり（とりわけ先住民族の扱いが「いまは存在していない人びと」のように扱われ、黒人差別ほどに可視化されていないことも指摘する）その背景には、アメリカが「世界随一の軍事大国であること、「偉大な国」を標ぼうしながら、国家形成の基盤に、植民地主義と人種差別を抱えている国である」という点があるとしている。そしてそれは決して偶然ではない[*23]という、複合差別の論理的帰結を提示する。

石山は、日本におけるアイヌ民族についてもセトラー・コロニアリズムの議論が必要ではないかと論じているが、こうした議論が〈蝦夷〉地での複合差別とどこでリンクし、先に論じたアジア秩序からのインパクトと共に、補強されたのかについては検討する必要があるだろう。

応答責任としてのケア――〈ケア〉を起動する

本論は日本型複合差別の試論として、とりあえずの見取り図を描くことにしたのだが、ここでもうひとつ触れておかなければならないことがある。

それは現在、復興庁と福島県が進めている「福島イノベーションコースト構想」が、アメリカにおけるハンフォード・サイトと連携プロジェクトを進めているという事実についてである[*24]。Ｗｅｂサイトで検索すれば、資料はたくさん出てくるのだが、三月七日付けの『河北新報』には、「軍事用プルトニウムの精製によって放射能に汚染されたハンフォード地域は、環境浄化の過程で多くの研究機関や関連企業が集積。雇用や生活環境が充実し、復活した」という記事がある。だが、ここまで論じてきたように、核開発の背景にまつわる問題や汚染地帯が広がる現場の複雑な抑圧と差別を背景とする社会的・経済的暴力が組み込まれている以上、こうしたプロジェクトが福島からはじまっていくことに深刻な懸念がある。プロジェクトをめぐる内実のなかに、地域的格差問題と共犯関係のインターセクショナリティが存在するのだが、どんなに抑圧があろうとも、原発事故が引き起こされた現場での、福島からの応答責任が何かを、わたしたちは何度でも議論しなければならない。ロシアによるウクライナ侵攻もまた、その問題解決のために、気の遠くなるような歳月にわたるインターセクショナリティの観点から検討されるべき差別や抑圧を作り出すだろう。チョルノービリ原発とザポリージャ原発を占拠するに至り、原子力利用が平和に結びつかないことも、改めて確認された。

生活世界が世代を越えてはく奪されるという暴力の連鎖状況を治癒するための手立ては、傷みへのケア[*25]を広げていくことでしかない。傷ついた側の応答責任がどうあるべきか、わたしたちに課されている事実はあまりに重たい。それは福島の核開発拠点や軍事拠点化ではないだろう。わたしたちの過去から現在にいたるまでの洗いざらいが、日々の言葉として「語られる」こと。"Shirokanipe ranran pishkan, konkanipe ranran pishkan"をいままた浮上させること。福島の日常は、とるに足らない日常ではない。

註

＊1　知里幸恵編訳『アイヌ神謡集』岩波文庫、一九七八年、一一頁。
＊2　同前、一〇頁。
＊3　中川裕「『アイヌ神謡集』を謡う」知里幸恵著、知里森舎「知里幸恵ノート」刊行部編『知里幸恵ノート復刻版』知里森舎、二〇〇二年、四頁。
＊4　『アイヌ神謡集』、三頁。
＊5　井上ひさし『吉里吉里人』(上・下、新潮文庫、一九八五年)を読まれたい。
＊6　安藤昌益『安藤昌益全集　第二巻』、農山漁村文化協会、一九八四年。
＊7　例えば、性暴力を受けた数をも知れない女性たちの〈傷み〉についての文字が遺されるようになったのは、ごく最近のことだ。
＊8　鵜飼哲『主権のかなたで』岩波書店、二〇〇八年、二七六―二七七頁。
＊9　ケイト・ブラウン『プルートピア――原子力村が生み出す悲劇の連鎖』高山祥子訳、講談社、二〇一六年：Brown, Kate, *Plutopia : Nuclear Families, Atomic Cities, and the Great Soviet and America Plutonium Disasters*, Oxford University Press, 2013.
＊10　「あとくされ」は西成彦氏の用語で、後に宮地尚子氏が"Future Trouble"と翻訳しPTSDの議論に用いている用語である。
＊11　ここでの応答責任とは、やられた側が、抑圧にあった側が、自傷も他傷もつくらずに、Future Trouble の発生を導かないですむ手立てを考える責任のことである。
＊12　上野千鶴子「複合差別論」井上俊＋上野千鶴子＋大澤真幸＋見田宗介＋吉見俊哉編集委員『岩波講座　現代社会学15　差別と共生の社会学』岩波書店、一九九六年。
＊13　同前、二〇四頁。
＊14　工藤雅樹『蝦夷の古代史』吉川弘文館、二〇一九、及び榎森進『アイヌ民族の歴史』草風館、二〇〇七年。
＊15　『アイヌ民族の歴史』、一三頁。

＊16　桂島宣弘『自他認識の思想史――日本ナショナリズムの生成と東アジア』有志舎、二〇〇八年、四二頁。
＊17　同前、六頁。
＊18　同前、四六―四七頁。
＊19　同前、一三頁。
＊20　篠田英朗「日本の近代国家建設と紛争後平和構築――東北に着目して」篠田英朗＋淵ノ上英樹『平和構築としての日本の近代国家建設――研究序論』広島大学平和科学研究センター、二〇一二年、四頁。あるいは、河西英通『東北――つくられた異境』中公新書、二〇〇一年。
＊21　松尾浩一郎＋根本雅也＋小倉康嗣編『原爆をまなざす人びと――広島平和記念公園八月六日のビジュアル・エスノグラフィ』新曜社、二〇一八年。
＊22　石山徳子『「犠牲区域」のアメリカ――核開発と先住民族』岩波書店、二〇二〇年、一二―一三頁。
＊23　同前、V頁。アメリカの核開発をめぐる構造的暴力の背景については、宮本ゆき氏（デュポール大学教授）、ノーマ・フィールド氏（シカゴ大学名誉教授）にもご教授いただいた。
＊24　例えば「福島・国際研究産業都市　イノベーションコースト構想米国出張まとめ」https://www.pref.fukushima.lg.jp/uploaded/attachment/57339.pdf（二〇二三年、四月八日確認）。また、和田央子氏、小林茂氏にもご教授いただいた。
＊25　岡野八代『戦争に抗する――ケアの倫理と平和の構想』岩波書店、二〇一五年、及びエヴァ・フェダー・キテイ『愛の労働あるいは依存とケアの正義論』岡野八代＋牟田和恵監訳、白澤社、二〇一〇年。

無名の思想

森崎和江のさいはて

二〇二二年

歌垣

降りつむ雪と響きあう
北東北の山のエロス
いのちの子らが光ります*1

はじめに——絶望ぐるみの生*2

森崎和江は、その生涯を通じて決して手放すことのなかった、ふたつの〈絶望〉を抱きしめ続けた。その〈絶望〉を破壊したり超越したりするのではなく、ときに国境の最果てへ、さらに最果てへと旅をかさね、あるいは自己の内奥へ、さらなる内奥へと突き進んでは、そこで行き逢った他者（あるいは自然）の「絶望」と自己の〈絶望〉を引き合わせる作業を自分に課した。言わば、自分に与えられた〈絶望〉を深くみつめることで〈生〉の方法論へと育てたのである。まるで子どものように。もっとも、森崎には彼女なりの作法があって、他者の「絶望」の内実を「私の方法で推測したくない」[3]とも語っている。自分にとって全くの異質性をそのままに、相互確認するためだけの旅を続けた。最果ての地を歩き、「他の生活体系」でのさらなる異質性に接触することで、森崎は、森崎和江になっていった。森崎は、森崎なりの方法で、かつての朝鮮の民族の男の子から投げかけられた「わたしの中へ、死なずに伝えられている総体の力」[4]へつながっていく応答（エロス）を探しに、日本での生き直しの旅を重ねたのである。だが、戦後五〇年を経て気がつけば、現代社会の圧倒的多数の人びとが、こまぎれになった風土を生きる時代になっていた。否、こまぎれさえ持たない人びとが多数派を占める時代になっていた。森崎はそこに、「植民地二世の自己承認の昔日の姿との相似形」[5]を重ね合わせてもいるが、異質性のあふれる時代にあってなお、森崎の〈絶望〉は霧散することはなかった。「その生活の味を。それを破壊させずに、他の生活体系と接触しつつ現代に生きる方法を」[6]模索し続け、また最果てへと旅に出るのである。

　ここではとりわけ、森崎がその晩年に到達した北東北での軌跡について、「いのちの母国」と不滅の――わたしであって、わたしひとりでない――世界への道筋について検討する。

　放送作家でもあった森崎の著作は小説、詩、随筆、聞き書きなど多岐に及ぶが、二〇〇一年に出版された『北上幻想――いのちの母国をさがす旅』（岩波書店）は、森崎思想を凝集した作品である。朝鮮から福岡へ引き揚げた頃に抱えた自己の異質、村落共同体から排除された人びと、そして、遠い昔にまつろわぬ者たちが暮らしていた列島の〈北〉へ向かい、もう一つの異質に出会ったのである。彼女が長年生活の場としてきた九州と北東北へつながる地下鉱脈はどこへ辿り着いたのだろうか。

彼女の思想は、朝鮮の思想でも、植民二世の思想でも、まして日本の思想でもない。名づけを拒絶する森崎だが、ここでは、森崎和江の「無名の思想」と、あえて呼んでおく。

境界で交わされた言葉

ふたつの〈絶望〉は、森崎作品の全編を覆っているが、とりわけ、亡き父の代わりに戦後はじめて訪れた韓国で、その思想的核心が語られている。

わたしは人間の存在は一面的なものではないと思っています。わたしはあなたのおっしゃるように支配民族の女の子としてここで生きました。庶民のひとりとしてあなた方に接しました。あなたは支配民族とおっしゃった。その民族の女の子の、基本的な感覚を創ったものがあります。その一つは、あなたやわたしの愛している慶州のたたずまいです。もう一つ。それはあなた方民族の目です。朝鮮民族の同世代の男の子たちの目なんです。いまこうしてお話していても、それはやっぱり消えてくれません。*7

すこし注意して読まなければならない。森崎はここで、自らを「支配民族の女の子」だと自認しているのではない。自身の原風景には宗主国である日本という国はない。あるのは慶州のそれであり、思春期を「イルボンボボ」という侮蔑的な言葉とともに、被支配者の男の子たちから性のまなざしを受け続けた女の子であった。しかし、だからといって支配者側の人間である自分が免罪されるわけではない。森崎が「朝鮮へ許しも乞わず日本を理解しようと努めることもなく*8」即時的な姿であろうとするのは、慶州の土地の叔母や伯母たちから体得した構えのようなものであっただろう。

異民族と共にある時に、やっと本来の在りようを感ずるということは、国境近くの民なら常のことであろう。けれども私の、朝鮮の体臭への切なさは、歴史的罪の結果である。それを踏み台として、その歴史を越えるための日々を過ごしたとて、その事実の重さが消えるわけではない。*9

精神の形成期を朝鮮の慶州で過ごした森崎は、戦況の悪化と福岡県立女子専門学校への進学のために一九四四年に朝鮮を離れ、再び慶州の土を踏んだのは戦後の一九六八年のことである。かつて、植民者として慶州中学校の校長をしていた亡き父に代わり、創立三〇周年記念式典へ参列し、そこで少年期の知人である金英洙と再会している。

父の教え子であった金英洙は「人々は一生の間に、ふたつの国語を身につけることが可能でしょうか」と森崎に問う。精神の形成期を植民者による日本語教育によって過ごさねばならなかった英洙は、自己表現の手段だった日本語から解き放たれることなく、自己のことばに対する呼吸がにほん的だと感じていた。「朝鮮を主題とし、朝鮮語で書きながら、わたしのにほん語への好みを朝鮮に翻訳している。そんなことかまわんという人もいくらでもいます。わたしはことばに恐怖を感じて筆を折る決意をしました」と森崎に語った*10。森崎はこのとき「何かが混濁する思いに堪えた。英洙はみにくく見えた*11」と、困難な心情を包み隠さず吐露している。

ここでの混濁する思いとは、ひとつには森崎自身のことばが、国語でも日本語でもない、慶州の子どもたちと一緒に勉強した教科書のなかのにほん語であり、「日本人の真似している日本人*12」であったという困難に起因するものである。この〈絶望〉を抱え込んでいる森崎にとって、「ことばへの恐怖を感じて筆を折る」と決めた英洙へ対する軽蔑とも思しき心情である。そしてもうひとつは、被支配者の男の子たちが「にほんの女へ集団的な強姦をたくらんでいる[*13]」記憶のまなざしから逃げられない、もうひとつの〈絶望〉のためであった。

さらに踏み込んで言ってしまえば、その混濁とは、森崎が渡韓の数年前から精神を病む原因となった『無名通信』の仲間の若い女性が性暴力によって殺された事件と、この事件に付随し、殺された若い女性の兄が、森崎の借家のすぐ側の列車へ身を投じて自死したことである。そして、その自死が、森崎の弟の自死と常に重なって浮上してしまうことでもある。弟もまた、森崎同様引き揚げを経験した男の子であり、学生運動が激化するなか、早稲田で演劇活動をしながら、自らの「故郷」を探していたようだった[*14]。加えて、一連の性暴力事件を起因として、谷川雁と訣別するに至ったことも、である。傷ついた心の回復をどこに求めるのかは困難だが、渡韓時期の森崎は、まだ十全な精神状態ではなかったと思われる[*15]。

思春期に刻印された〈絶望〉とその後の傷つきで、森崎は、「もう行きどまりの心」になっていた。二四年ぶりの「故郷」に帰って、オンドルの部屋のうすくらがりで、オモニの側で過ごし、存在をゆるしてくれるひとすくいの空間へ戻りたいと願っても、そこで生活していない森崎には許されない。森崎には戻る場所もなく、あるのはただ、旅をしながら、その生の在処を探り当てることだった。

死のはじまりから死のおわりまでの過程を、抽象に偏向させて意識する者の卑劣さを。また思う。その全過程を、具象に限定して意識させられた者の、苦痛の深さを。そして考えるのである。それを抽象へも具象へも偏向させず、白く小さな数枚の布で死者の骨を清め肉を落とし、また清めつつ死者の生を語れる者のもつ、死への恐怖を。**私はその内実を私の方法で推測したくない。すべきでない。それは私にとって全くの異質である。その異質性からの発言を、私は待つ。**（——ゴシック体引用者[*16]）

森崎の方法論は生涯一貫していた。旅という手段と具象（具体的な民衆の経験）の体系化である。「私が行えることは、私の方法論を圧縮しつづけることで、わが存在の辺境をことばにして提出することである。そしてそのことで、私の対極からの声を聞くことだ。その相互性ぬきに、私たち民衆の、内発的共闘関係はありえない」[*17]。自死した弟を葬るすべを持たなかった森崎は、南の与論島で、骨を洗う儀式と出会った。あるいは、与論の人びとにとって自然に生きている「撫でる」という行為に、言葉ではない人間の直接的な肯定の感情を読みとっている。

森崎の〈絶望〉の道程は、故郷である農村から排除された、おひさんの当たらない『まっくら』な炭坑で生きる人びとや、やはり故郷から離れ、遠く海の果てで性を売る

『からゆきさん』（あるいは、子を生さない女性たち）のなかに圧縮され、民衆精神史として紡がれた。その作業は、森崎自身が自身の生を掬いとるためであり、いのちの母国を探しあてる作業だった。

北の民衆精神

列島の南側で暮らしてきた森崎にとっての最果ての地は、北である。

運動の季節を通り抜け、「九州になじもうと努めてもうかれこれ三〇年、そしてひょいと気がつきますとね、九州、つまり、日本の南の方の生活の呼吸というのか、生き方というのか、それがいくらかわかってきて〔…〕今度は日本全体を感じてみたいなあと思うようになったんです*18」。

一九七九年、森崎は宗像市へ転居すると同時に、玄界灘を起点に日本海を北上する旅をはじめた。この春、はじめて秋田へ向かい、能代市の野添憲治と対話を重ねている。森崎も野添も共に『思想の科学』へ地方民衆の声を届けた書き手であり、「サークル村」を拠点とした森崎和江がそうであるように、野添憲治は白鳥邦夫らが立ち上げた「山脈の会」の同人であった。一九六〇年前後において、労働問題、生活記録、民話といった民衆精神の水脈を北から掘り進んだ「山脈の会」による『山脈』と南の『サークル村』は「北の白鳥、南の雁」と呼ばれる二大同人誌であった。森崎が東北へ向かった時期には、すでに労働運動や学生運動の季節は過ぎ去り、かつては日本中で展開されていた同人誌活動も下火となっていた。高度経済成長は日本社会の姿をすっかり変え、森崎が最果ての東北へ向かったのは、グローバリズムが吹き荒れるただなかで、辛うじて生き残っていた「固有の生活史」のいくばくかに出会うためであったかもしれない。もっとも、一九六四年の東京オリンピック開催の時期と同時に、日本の津々浦々と東京を結んだ集団就職列車が、中学を卒業したばかりの「金のたまご」たちを大都市へ大量輸送し、東北のみならず地方の内実に変容をもたらした、その後のことである。

森崎が、東北での最初の対話者に野添憲治を訪ねたのは、必然だったろう。

野添憲治は一九三五年に秋田県藤琴村に生まれた。森崎よりも八歳年下の皇国少年世代である。森崎との対話のなかで野添自身が語っているように、野添は、藤琴村の最も貧しい家に生まれ、小学校六年間と新制中学校の三年間を通しても、学校へは半分も通う事ができず、中学を卒業した六日目から出稼ぎに就いた[*19]。年老いた祖父、傷痍軍人として帰ってきた父、幼い弟妹を抱え、母親とふたりで生計を立てなくてはならず、しばしば村のなかでは冷遇され差別的な扱いを受けた。「小学校二年の頃から稼ぎに歩きましたからね、そのときに、大人からも、同じ年の人からも、大変いじめられましてね。ひどいもんでしたよ。そんなことで、何か物を見るときに上から見たり横から見るのではなくて、下から見る訓練というのがすごく早くから身体についちゃったんですよ」[20]。ただ、本を読むのが好きで、中学時代の友人とガリ版刷りの詩集『貝殻の旅』を発行するような少年だった。『思想の科学』誌上では、一九六二年四月号（「特集＝天皇制」）で、農民の戦争責任論争を展開している。その論旨は、ほとんどの知識人が農民への戦争責任追及の手を緩めているとして、農民へ責任を問わないのは、知識人が農民を低くみているからではないのか、というものだった。さらに野添は、隣村で起きた花岡事件について調べ、花岡鉱山へ強制連行された中国人、朝鮮人の聞き書きを続けていた[21]。もともと秋田の民話を聞き書きしていた野添は、村々を聞き書きする途上で、青年になってから、地域のなかで公然の秘密となっていた花岡事件について知ることとなる。しかしその後、野添が小学四年生だった一九四五年七月初旬に、花岡鉱山から逃げてきた中国人を村人たちが捕らえ、役場前で罵倒している光景を、学校教員に引率され見に行った記憶がよみがえり、まさにそれが花岡事件だったことに気がついた。子どもだった自分もまた戦争の加害者であったことに戦慄したという経験を持っていた。花岡事件とは、一九四五年六月三〇日の深夜に、花岡鉱山鹿島組（現鹿島建設）に使役されていた九八六人の中国人が一斉蜂起し、その後の憲兵隊などによる鎮圧で四一八名が死亡したという、敗戦間際に起きた未曾有の事件のことである。強制連行された中国人や朝鮮人たちは、使役側の日本人から日常的に暴行や虐待を受けており、多くの人びとが故郷へ帰ることなく、日本で死んでいった。中国人の強制連行については、戦後、花岡事件だけが横浜の第八軍法会議にかけられ、六名が実刑判決となったが、刑がくだされることはなかった。*22

支配者の子どもとして慶州に暮らした森崎や、一九四五年を境に皇国少年から民主主義の子へと価値観が一変した野添らの世代にとって、戦後復興が進むなか、旧植民地地域に置き去りにしてきた加害と被害をめぐる出来事や村落共同体からこぼれ落ちた人びとを見つめる旅は、激動する戦後の日本社会を、自己の精神的基盤を失うことなく生きるうえでの欠くべからざる作業でもあった。森崎は、戦後三〇年を経て〈北〉との出会いを果たし、かつて野添が従事していた山林労働のことなどを聞いている。このときの対話は、後に文筆家となる簾内敬司が経営する秋田書房から『魂ッコの旅　対話』として刊行された。すこし長いが、道筋をなぞりたい。

森崎　あのー、北海道から奈良までを七年間のあいだに回っていらっしゃるでしょう？　それを聞いただけで、私、ホーッと思うんですけどね。秋田とはだいぶ違うんですか。

野添　何度も言いますが、ほんとに違いますね。

森崎　山林なんかで働いていらっしゃる人たちの気質なんかも違うんですか。

野添　ええ。私がやっていた仕事は、森林の木を伐採し、伐採した木を運ぶという仕事だったんです。でも、その仕事の内容は同じなんですが、木を倒すにしても運ぶにしても、その土地によってそれぞれ違うんですよ。北海道では北海道の仕事の型があるし、長野へ行けば長野での仕事の型があるんです。そして吉野の山に入れば、吉野流の方法があるわけです。その型や方法が違うというのは、その土地に生えている木材の種類とか地形、また気候とか風土の違いによって、その土地に合ったように作業形態が出来るように永い年月をかけて作られたものでしょうが、作業形態が違うということは、やはりそこで働いている人たちの気質もみんなそれぞれ違うということなんです。そらから食べ物までちゃんと違うんです。*23

森崎の探していた「故郷」と地続きの風土は、民俗学的なものとも少し違う。時空を飛び越えても、共通の地下水脈が流れる「故郷」のことであり、それは同じように労働に勤しむ者たちが血と汗を流しながら、「わたしであって、わたしひとりではない」、生活の下に深く地下水のように落ちているもの、だ。

森崎は、野添、簾内と共に阿仁の根子集落でマタギの老人に話を聞き、また阿仁鉱山を歩いている。現在でこそ、あきたこまちや大潟村が象徴するような広大な田園風景が広がる秋田県だが、大正期以後とりわけ県北地域においては、近世に発見された鉱山資源開発が盛んとなり、無数の飯場が形成された場所であった。公害問題や落盤事故などが相次いだ歴史があり、また先に触れたように、戦時中は多くの中国人や朝鮮人が強制労働のために動員され死んでいった場所でもあった。

多少補足を加えておくと、炭坑や鉱山での仕事は過酷を極める労働であることが森崎や野添の聞き書きから窺えるわけだが、近代日本が国策としてそれを本格的に稼働させた最初の地は北海道である。そこでの労働者は全国から集められた囚人であった。蝦夷地から新しい名前となった開拓地の北海道は、近代国家建設のために明治政府が布石とした土地である。言うまでもなく、蝦夷地はアイヌ先住民の暮らす大地であり、明治国家が収奪した土地である。

なお、前近代の刑法は中国の律令系に属していたが、明治六年にフランスの法学者ボアソナードを招聘し、日本における最初の近代刑法（旧・刑法）が起草されたのは明治一三年のことである。北海道における集治監（監獄）設置の初発の目的は、明治一〇年の西南の役での国事犯を集禁することであった。西南の役の翌年、新政府に抗する危険分子を隔離排除する目的で、元老院決議によって全国の罪囚が特定の島嶼に治監されることとなった。重罪判決を受けた囚人は、北海道開拓へ従事させられることとなり、農地開拓、道路掘削のほか、石炭と硫黄の採掘にあたった。とりわけ、集治監設置直後においては、石炭は空知集治監の囚人が幌内坑の採炭作業にあたり、また、硫黄山の採掘は安田善次郎経営の下請けとして釧路集治監の囚人が従事させられた。だが、その労働状況があまりにも過酷で、囚人の二割は、坑道の落盤、炭塵や亜硫酸ガスなどによる失明や病が原因で亡くなったと言われている。明治一五年に小樽から幌内へ向かう鉄道が石炭運搬のために開通し、空知集治監、三池集治監は炭坑監獄（地下監獄）と呼ばれた。[*24] また、沖縄でも似たような状況があった。明治一九年には、沖縄本島の囚人たちを動員し、西表島での炭坑使役がはじまっている。こちらは三井物産が明治政府の後押しにより石炭を採掘した。[*25] ここで、列島の北と南の端っこ（蝦夷地と琉球）に、アジアへの植民地進出以前の姿が刻み込まれていることを確認しておきたい。

北上幻想――森崎和江のさいはて

森崎は度重なる北上の旅の途上、一九九五年から一九九六年にかけて、簾内敬司と次のような往復書簡を交わしている。その間、七九年にはじめて秋田へ訪れた頃とは、東北地方の内実も大きく変化していた。白神山地の裾野で暮らす簾内らと共に原生林を散策しながら、心に留めていた内なる自然について考えていた。自らの「故郷」を探し求めて旅をつづけてきた森崎からすれば、その人生のすべてを二ツ井で暮らす簾内の内面にある風土は対極的に見える。森崎は、森崎自身が求めていた感覚的な「それはあなたであって、あなたひとりではない」[*26]境地について書き送っている。

私は、地上にありながら、宇宙全体へとつながる者たちの、その道を、生まれているや否やの頃、たしかに歩きました。〔…〕私には、戦後生き直そうとしてきたのに、なお解けない疑問があります。宇宙空間全体へとつながる道は、それは、地上で祖先も共に血と汗を流し合った仲間以外には共有できない道なのかと。人間にとって自然とは、そういうものかと。私は、そうだ、と答えます。〔…〕「自然とひとつながりに融合しているもの」である、人間の内面の時空。そのことを自然をはらんでいる肉体と共に肯定しながら、私はつらい[*27]。

森崎は、朝鮮の風土を思い起こしながら、北東北の原生林を歩いた。ほんの幼児期に確かに自分もつながっていた宇宙と、いまはすっかり途切れており「自然の内実は変化しました」、と語る。簾内は次のように応答している。

「さいはて」という場所は、地理的概念や歴史的概念で推し量るのでは間尺に合わないところの、空間と時間が重なり合うところでもあったことでしょうから。人は遠くへいけばいくほど宇宙空間全体へとつながっていきます。彼の内面の時空に宇宙空間全体が重なり合ってくるのだと思います。奈落のように絶望的な気も遠くなるような遠くで。そうして、みずからの内面に絶望と同じくらいに深い無限を抱く者は、見ず知らずのよそ者の目には死者のように見えるときがあるのかもしれません。*28

簾内は、「さいはて」の地と言われた樺太《サガレン》を生き地獄の別名と紹介し、いまは石炭や石油の資源コンビナートになっている少数民族がかつて暮らしていた土地の営みについて「その自然の連邦とも称すべき摂理と自分自身がひとつなぎになっていく自由往来の精神が、彼らの普遍の精神です。現代文明にとって、果たして彼らは過去の人びとでしょうか。それとも未来の人びとでしょうか」と続けた。

もっとも、森崎は、簾内のなかにある宮沢賢治の息吹を納得したわけではない。宮沢賢治のバタくささと森崎自身のコスモポリタンめいた感情をかき消すように、朝鮮での記憶の重さと弟の自死へ立ち返り、「賢治以前の裸の日本へ」自己を突き返した。「**私には、言葉以前の、伝承力を感じさせるしぐさについての、ぬきさしならぬ記憶があるのです**」（ゴシック体引用者）*29と語る。そして、簾内を頼って、北東北の原生林へ行って「木に会いたい」と思うのは、けっして自分のしぐさではない、白い衣装を着た朝鮮の人びとが踊っているぬきさしならぬ記憶のなかで、自分の生まれを「民族的原罪」と感じてしまう、と言う。

「木に会いたくなる」のは、その踊る人たちにかわってくれる存在として、森崎の原罪を人間の時間とは無縁な樹木に浄めてもらいたいからだという。

観念（抽象）ではなく、具象を求めたいと思っていても、森崎が日ごろ使っているのは言葉であり、歌や踊りといった具象と結びつくには、岩手での鬼剣舞へ辿り着いてからだった。

北東北のエロス

森崎が一九七九年に転居した宗像市には、古代北東北の俘囚長であった安部宗任の伝承と墓石が遺されている。東北蝦夷《エミシ》の人びとは、古代三〇〇年に及ぶ征圧戦争のなかで、捉えられては九州の防人に従事させられたという『続日本紀』の記録もある。東北を出発したときには数百名だった蝦夷が、九州へ到着したころには数名のみだったという記録も残されているが、断片的な支配者側の記録があるだけで、そこで詳述されているわけではない。

安部貞任・宗任の伝承を追って、森崎は幾度も青森県津軽から岩手県に向かって南下し、東北のまつろわぬ者たちの痕跡をたどっていた。九州の異質と東北の異質を、時空を超えて取り結ぶ作業に、晩年は注力したといってもいい。

岩手での鬼剣舞との出会いは、生活の時空を取り結ぶ異質との出会いであり、そうした出会いを森崎は「北東北のエロス」と呼んだ。身体に刻み込まれた「反閇」の足の運びや土を踏み固める踊りに目を凝らした。朝鮮の人びとの踊りと地下水脈でつながる何かを感じ取っていたとも思われる。思えば、土／大地を踏むという行為は、生きものにとって普遍的な営みであろう。この大地を踏み固めるのは、わたしであって、わたしひとりではなく、そこには確かに、民衆の不滅の思想が宿っているはずである。断っておくが、それは民俗学的な意匠の共通点などというものではなく、あくまでも、それぞれの暮らしに固有のかたちであらわれるしぐさであり、土地を踏み固め、悪霊を封じ、安泰を願う民衆にとっての地下水脈でつながった「生」ということだ。しかも、「この踊りが非道な列島統合史へ対する、地元の地霊山霊の憤怒の声が鬼へと象徴されているのではないか」、と森崎は洞察している。そして、この鬼剣舞が「その発祥時の歳月や成熟のいく世代を経つつ、地域性を越えて人間救済の道をたずねるものへと自問自答をはらみながら育っているのだろう」[*30]と結んでいる。

森崎の〈さいはて〉とは、苦しさをともなった固有の〈絶望〉が、その時空のなかで普遍化され、鬼剣舞のように、不滅のしぐさになっていったもののことである。その森崎の到達点を、本稿では「無名の思想」と呼ぶこととした。わたしは、友人の山伏に聞いたことがある。山伏は、山野河海を行脚し、その足跡をつなげて壮大な曼荼羅を描いていたのだ、と。ひょっとすると、その話はホラなのかもしれないなのだが、森崎のさいはてへの旅路もまた、森崎の反問がつくった足跡であり、曼荼羅のような軌跡でもあろう。「ひとりであって、わたしひとりでない」――不滅の〈生〉を手繰り寄せ、そして近代への壮大な供養を取り仕切ったのである。

さいはての異質性を求めた森崎の旅は、近代が深く損なってきた者たちへ対する、壮大な供養の旅であった。

註

＊1　森崎和江『北上幻想――いのちの母国をさがす旅』岩波書店、二〇〇一年、一八三頁。

＊2　森崎和江『第三の性――はるかなるエロス』河出書房新社、二〇一七年、一一九頁。

＊3　森崎和江「生のはじまり・死のおわり」『辺境』一九七〇年九月号＝所収『異族の原基』、大和書房、一九七一年、四二頁。

＊4　森崎和江「訪韓スケッチに寄せて」『辺境』一九七〇年九月号＝所収『異族の原基』、大和書房、一九七一年、一九頁。

＊5　森崎和江＋籏内敬司『原生林に風がふく』岩波書店、一九九六年、三五頁。
＊6　前掲『異族の原基』、四二頁。
＊7　前掲『異族の原基』、一六頁。
＊8　前掲『異族の原基』、二五頁。
＊9　森崎和江「活字のまえ・活字のあと」『辺境』一九七一年一月号＝所収『異族の原基』、大和書房、一九七一年、五一頁。
＊10　前掲『異族の原基』、一四頁。
＊11　前掲『異族の原基』、一四頁。
＊12　前掲『原生林に風がふく』、一九頁。
＊13　前掲『異族の原基』、一八頁。
＊14　前掲『北上幻想』、二一〇―二一一頁。
＊15　森崎の関係者による一連の性暴力事件とその後の出来事、そして弟の自死に関わる出来事は、森崎の精神を極限状態まで追い込んでいったが、こうした一連の出来事が思考の基盤となり、ことばとなって詩や思想へ展開されるまでには、その後三〇年を経た『北上幻想』が執筆される頃を待たねばならない。
＊16　前掲『異族の原基』、四二頁。
＊17　前掲『異族の原基』、四四頁。
＊18　森崎和江＋野添憲治『魂ッコの旅――対話』秋田書房、一九七九年、九頁。
＊19　野添憲治『出稼ぎ』、社会評論社、二〇〇六年。及び、生前の野添憲治氏本人への聞き書き。
＊20　前掲『魂ッコの旅』、一九頁。
＊21　野添憲治『シリーズ・花岡事件の人たち　第一集　強制連行』社会評論社、二〇〇七年。及び、山内明美「野添憲治――民衆の戦争責任と高度経済成長」＝所収『ひとびとの精神史　3　六〇年安保』岩波書店、二〇一五年、二五九―二八六頁。
＊22　前掲『出稼ぎ』。

＊23　前掲『魂ッコの旅』、一四―一五頁。
＊24　重松一義『史料　北海道監獄の歴史』信山社出版株式会社、二〇〇四年、五三頁。
＊25　ドキュメンタリー映画『緑の監獄』黄インイク監督、二〇二一年。
＊26　前掲『原生林に風がふく』、三七―三八頁。
＊27　前掲『原生林に風がふく』、三七頁。
＊28　前掲『原生林に風がふく』、四六頁。
＊29　前掲『原生林に風がふく』、七八頁。
＊30　前掲『北上幻想』、一六八頁。

水俣病事件一〇〇年目に、〈東北〉から＊1

二〇二三年

八月の絶望

永野三智さん*2からいただいたメールには「一九二三年は、水俣にとって、水俣の漁師が海の汚染を受けて、はじめてチッソを訴えた年です」と書かれていました。この一〇〇年目が幸いを迎える年であることを願って、わたしたちは水俣神楽をしてきたように思います。

けれども、その一〇〇年目となる二〇二三年の夏は、福島をはじめとする三陸沿岸部の漁師、海と生きる人びとにとって、大変苦しく辛い、いえもっと強い言葉が必要でしょう、絶望的な一〇〇年目の夏でした。

八月二四日昼過ぎ。日本中の漁師が反対の声をあげ続けるなか、福島第一原発からの「ALPS汚染処理水*3」の放出が強行されました。この海洋放出は、今後、少なくとも四〇年は続くことになります。否、それはあくまでも政府や東電の見解であって、今年の春の原子力学会では、廃炉作業に四〇〇年かかるという専門化の見解も出ていることから、四〇年では到底終わらない、この二〇二三年から数百年続く「海の汚染」がはじまったのです。

一〇〇年前、水俣の漁師が訴えた危機を、なぜいままた繰り返すのでしょうか。

仙台市で暮らすわたしの周辺では、「海洋放出反対」の声が圧倒的でした。水俣からも応援の声をたくさんいただきました。また、中国や韓国だけでなく、アメリカによる水爆実験の汚染地帯となっている南洋諸島からもつよい反対の声があがっています。

福島県内の自治体では、全体の約七割の市町村が「海洋放出」について反対か再考を求める旨の意見書や請願を提出[*4]、宮城県議会は全会一致で反対を表明しました。そして、ご承知のように、全漁連は早い段階から全国レベルで強い反対表明をしていました。その意見は現在でも変わっていません。海洋放出に関する国民世論は、客観的に見ても、多数決の論理で考えても、圧倒的多数の人びとが反対をしていました。わたしの郷里である、宮城県南三陸町も議会全会一致で、海洋放出再考の意見書を岸田首相宛に提出しています。岩手沿岸部や内陸部の自治体も声をあげていました。けれども、東京では違っていた。今回の海洋放出については、電通が莫大な税金で海洋放出のためのPR事業を請け負っており、テレビでも頻繁に海洋放出の安全PRが流れていたのでした。

三陸の漁師

東日本大震災の大津波で壊滅したわたしの故郷も、水俣のように、ちいさな漁村が連なる漁師町です。現在は、カキやホヤ、ホタテ、銀鮭の養殖が盛んです。南三陸町は、あの大津波で町の七割が被災しました。残った三割は山間部だけで、漁村は船も養殖イカダも、水産加工場や冷蔵庫も、そのすべてを失いました。そうした困難から、一二年の歳月を経て、いまようやく、漁師が立ち上がろうとするとても大事な時期なのです。

南三陸の漁師たちは、「海の環境をもっと良くしたい」と願って、養殖イカダの数を震災前の三分の一まで減らす決断をしました。震災前までの南三陸町の志津川湾は、養殖の過密が深刻で、牡蠣を三年育てても満足な大きさに成長しなかったため、津波被害を契機に、これまでの漁業の在り方を反省し、若者を優先しつつ漁場改革をおこないました。日本ではじめての「ASC国際認証」を取得し、牡蠣のブランド化に着手しています。ここまでの道のりは決して平たんではなく、隣同士の漁師が殺し合いになるのではないかと思われるほど、極限までのやり取りが積み重ねられました。あの大津波からの再起は「三陸の海を、より良くして次の世代に継承する」という漁師の心となって、こうした取り組みを可能にさせたのだと思います。

三陸は、世界三大漁場のひとつに数えられる大変豊かな海です。その所以は、東シナ海から九州・奄美を北上する黒潮とオホーツク海から南下する親潮、さらに日本海を北上し、津軽海峡をくぐり抜けてきた對馬海流の三つの海流が、三陸沖で渦を巻いてぶつかることから、多様な形態系を原資とし、豊かな海の幸を運んでくれるのです。だから、三陸の漁師は、「津波で何もかも失くしてしまったけれど、俺には太平洋銀行があるんだ」と語るのです。

しかし、この豊かさを運んでくれる海流に、浅はかな人間の所業によって核汚染物質が流れこむこととなり、三陸漁師の復活は、いま、足元から崩れようとしています。すでに、買い控えもはじまっていますが、深刻な課題である、水俣で学んだ生態濃縮の問題や核汚染の問題は目隠しされたままです。

二〇一五年に政府と東京電力は、福島県漁連との話し合いで「関係者の理解なしに、いかなる処分もしない」と約束をしました。しかし、この八月の海洋放出にあたり、岸田首相は、福島県漁連の漁師たちと会ってもいないのです。なぜ、漁師はここまで侮辱を受けねばならないのでしょう。

この九月八日に、一都五県の一五一名の漁師をはじめとする原告が名を連ね、処理水海洋放出の差し止めを求め、福島地裁へ提訴しました。また気が遠くなるような闘いがはじまりました。この闘いは、水俣がそうであったように今後一〇〇年以上続くのかもしれません。でも、ここであきらめるわけには行かない。

水俣と〈東北〉

わたしが暮らしている仙台市の青葉山の麓に「三居沢水力発電所」があり、日本における水力発電の発祥の地となっています。実は、水俣にチッソを創設した野口遵は、この三居沢で日本初のカーバイド製造をはじめたのでした。チッソのはじまりは、〈東北〉だったのです。その後、鹿児島県曾木、熊本県水俣、広島、出雲など野口は矢継ぎ早に電源開発をすすめ、日本の近代化を推しすすめ、一九二四年には朝鮮半島へ進出することになります。

だから、わたしはいつでも考えたいと思っています。この近代が抱えた病が、仙台病と呼ばれたであろうこと、曾木病と呼ばれたであろうこと、広島や出雲で有機水銀中毒が発症した可能性について。そして、近代化が推しすすめた植民地主義のなかで、朝鮮半島で当たり前に暮らしていた人びとの生活の場を奪い、多くの朝鮮人が、内地へ移民・難民として流出せねばならなかった事実について。このことは、言葉を極めれば、現在のわたしの目前に広がっている福島の問題系に直接的につながって来る出来事です。結局のところ、自分の足元で、深刻な汚染と国内難民問題を引き起こした事実について。これは、近代に生きるわたしたちすべての深刻な課題であることを。そして、水俣の皆さんこそが、ずっと訴えて来たことを。

水俣と六ケ所村長

二〇二三年七月に姜信子さんと一緒に、青森県大間町に訪れました。「大間のマグロ」で知られる、本州最北端の町です。青森県は地図で見るとマサカリのような形をしている南部地方があります。大間は、そのマサカリが鋭く尖った先端のところに位置します。

福島原発の事故以後は、原子力発電といえば、福島と言いたくなるような状況ですが、〈東北〉にはかなり深刻な問題を抱えた原子力施設がもっとあります。考え方によっては、福島原発よりも危険だという見方もあります。

姜信子さんと訪れた大間には、二〇〇八年に着工し、すでに一五年経過しても稼働延期になっている大間原子力発電所があります。大間原発は、二〇二二年九月に安全強化対策のため五回目の延期となり、運転開始は二〇三〇年の見込みとなりました。着工開始から二〇年以上が経過することになります。大間原発は、「使用済み核燃料を使用したプルトニウムとウランの混合酸化物であるMOX燃料を一〇〇%使える世界発の商用炉」として計画がすすめられています。いわゆるプルサーマルと呼ばれる利用法ですが、新品のウランやプルトニウム燃料に比べると、放射能が強く、炉心溶融の危険性が高いことから、大変難しい技術とされており、このために、度重なる安全工事の追加で稼働延期となっています。さらに、大間原発で使用する使用済み核燃料を再処理する工場が、六ケ所村の再処理工場です。こちらは、一九九三年に着工しましたが、トラブルが相次ぎ、二〇二三年現在、一度も稼働しないまま、総事業費一五兆円もの国家予算が投下されています。原発とは、夢のエネルギーでも、安いエネルギーでもないのです。

かつて、この六ヶ所村には、「人間尊重」を掲げ、巨大開発者に抵抗した寺下力三郎という反骨の村長がいました。青森で最も貧しいといわれた六ヶ所村で、養蚕の技術者として働いたのち、寺下は一九三九（昭和一二）年冬に朝鮮の窒素肥料へ出稼ぎに行きました。ここには水俣のみならず、九州や沖縄からも労働者が集まり、朝鮮人も採用されていたといいます。植民地下の朝鮮で日本語の不自由もなく、寺下は工場建設がそこで暮らす農民を犠牲にし、「開発する側と開発される側の断絶」*5があることを目撃しています。この後、寺下は足尾銅山の惨状も目の当たりにしているのですが、詳細は、鎌田慧さんのご本に譲りたいと思います。

もうひとつのデジャブ

福島での海洋放出問題と並行し、秋田県では「あきたこまちR」という放射線育種米の全面作付け問題が浮上していることも共有します。放射線育種種は、品種改良技術のことで、戦後日本が「原子力の平和利用」一環として原子力発電と共に導入した戦後農業政策です。二〇二二年にはじまったロシアによるウクライナ侵攻により、肥料の高騰が問題となっており、下水汚泥を肥料に転換する事業を農水省がはじめました。この過程で、汚泥に含まれているカドミウムを吸着しない性質を持ったあきたこまちRを、二〇二五年から秋田県で全面作付けするという、驚くような計画が進んでおり、秋田で百姓をやっているわたしの友人らも声をあげています。

水俣病事件から一〇〇年目に、発電と肥料の問題がこんなかたちで浮上するとは思ってもみませんでした。

海も里も、およそ人間が、人間らしく生きるための生命線をどこまで破壊し尽くすつもりなのでしょう。「ごんずい」には、もっと前向きな未来を書きたかったのです。

三智さん、何をどうすれば良いのか、正直わかりません。ただ右往左往し、混乱している自分がいるだけです。二〇二三年の〈東北〉から、二一二三年、二二二三年の見通しもそう簡単ではなく。ただ絶望のなかで、筆を擱くしかありませんが、世界中に仲間をつくって、みんなで手を携える準備をすすめたいと思います。

註

＊1　本論は永野三智さんからのメールへの返信として、〈東北〉からお届けするものです。

＊2　永野三智：一般社団法人 水俣センター相思社理事。著書『みな、やっとの思いで坂をのぼる――水俣病患者相談のいま』ころから、二〇一八年。

＊3　「ALPS処理水」は、経済産業省の説明では「東京電力福島第一原子力発電所の建屋内にある放射性物質を含む水について、トリチウム以外の放射性物質を、安全基準を満たすまで浄化した水」ということになっていますが、トリチウム以外の放射線物質も完全に除去できているわけではありません。また、トリチウムは無害と言われていますが、生態の「代謝」によって有機トリチウムとなることにより、生態濃縮の可能性があることも指摘されています。

＊4　「海洋放出」賛成の立場をとっている福島住民はもちろんいます。とりわけ、福島第一原発の立地自治体である大熊町、双葉町議会は「処理水海洋放出の理解醸成」を表明し、海洋放出については賛成の立場をとっています。自分の土地が中間貯蔵区域になっている被害者の方々がいます。また一方で、原発避難者を多数抱える大熊町では事故前からの地域住民の帰還率はそれぞれ二割弱になっています。原発立地地域とその周辺地域での温度差は埋まっていません。

＊5　鎌田慧『六ヶ所村の記録――核燃料サイクル基地の素顔　下』岩波現代文庫、二〇一一年、一五五―二〇八頁。

あとがき

本書は、「二〇一一年三月一一日―一二日」をとば口として、国家の周縁で生きる人びとに焦点をあてつつ、その時々に与えられたテーマで書き綴った記憶の束――エクリチュール――である。東北地方の農村から出て東京で学生生活を送っていた筆者が、被災地となった地元へ帰郷するまでの時間のなかで、自分語りや書評などを通じて、同じ問いをくり返し、くり返し、堂々巡りしていることも、依然として行き詰まっていることも伝わってしまうだろう。「はじめに」以外は、震災直後からの発表年順に並んでいる。この短い文章たちは、はじめのうちはまだ何とか希望を語っているのだが、時間の経過とともに、追い詰められる地域的状況も読みとれると思う。

〝災害〟は、単に被災状況を伝えることのみならず、この〝災害〟がどんな経過を経て

〝この場所〟で起きてしまったのかを、歴史と記憶のはざまで考えざるをえなくさせる。さらに、「復興」をめぐる主導権争いや、被災者が置き去りにされたままさらなる災厄に招き寄せられることも起こっている。

筆者は、日本の東北地方の稲作をテーマに、ナショナリズムと文化的政治をめぐる言説研究を続けてきた。ポスト構造主義以後の思想的潮流が〝マイノリティ〟や〝周縁〟を焦点化してきたとはいえ、東北地方を主題とするテーマそれ自体が、日の当たるものではなく、もっぱら地方出身者である自分自身の「生きづらさ」をケアするための研究だったし、それはいまも変わらないのだが、〈東北〉を糸口に世界の歪みを考えてきた自分にとってのこの一三年間は、極限的などん詰まりになっている。日々の仕事は信じられないほど忙しい。この忙しさそれ自体が災厄かもしれない、と思うこともある。

二〇一一年三月一一日の福島第一原子力発電所での爆発事故は、単に自然災害として地震と津波がおびき寄せた不幸という理解では、だれ一人納得のいくものではなかったし、どの問題をたぐり寄せても、いくつもの〈戦－後〉がまとわりついて、現前化しているように見えた。

なぜここに原発がなければならなかったのか、原発が置かれる場所とはどんな場所なのか、この土地がどんな歴史的経緯をたどってきたのかを、必然的に呼び覚まし、こうした論点で書かれた作品は無数に出版されることになった。そして、東日本大震災以後の時間は、それ以前よりも激烈な出来事が連続して起きていることも、周知の事実ではないかと思う。

度重なる地震、洪水、火事……。アメリカでのトランプ政権の誕生、性暴力に対する#MeToo運動の高まり、EU諸国のゆらぎとイギリスのブレグジット、津久井やまゆり園での戦後最悪の障害者殺傷事件、新型コロナのパンデミック、ウクライナ戦争、宇治ウトロ地区放火事件、安倍晋三銃撃事件、イスラエルによる終末的なパレスチナへのジェノサイド。どれもこれも、手の施しようがないほどに破滅的だ。同じ時間を生きながら、自分自身が真綿で首を絞められる感覚に、誰もが気づいているだろう。

二〇二三年八月二四日にはじまった「海洋放出」は、海のまちで育った私にとっては、この一三年間で最も辛い出来事だった。寡黙な三陸の漁師たちの、この時代の孤立した闘いに絶望的な気持ちになった。同時に、市民運動はこのままでよいのか、という疑念も深くなった。

震災直後からこの間、筆者は本当にたくさんの方々にお世話になっている。とても全てのお名前を挙げることができないのだが、不義理を申し訳なく思っています。また、本書は、青土社の村上瑠梨子さんが伴走してくださった。雑誌『現代思想』への寄稿原稿はすべて村上さんがサポートしてくださり、拙論に毎回長大なコメントをくださり、励まされながら文章をつづってきたように思う。とにかくわたしは遅筆なので、編集者を困らせてばかりいる。感謝しています。それから、表紙の写真は、北釜で被災した写真家の志賀理江子さんが撮影した二〇二一年一二月二八日の冬の北釜の砂浜である。この日はわたしの仕事場で忘年会をやったあと、志賀さんはひとり、真夜中の北釜へ撮影しに行ったのだった。

此岸と彼岸に亀裂がはいっているようにも見えるし、蛇のようにぐねぐねの、寒々しい途方もない道のりの先に、すでにこの世を去った人びとと、これから生まれ来る人びととの出会いを幻視し、もうひとつのこの世が浮上する。そんなことを想ってみた。

雪がしんしん降り積もる青葉山にて

二〇二四年二月二二日

章扉写真キャプション

「はじめに　足元のジェノサイドを掘り起こすとき」

ダビデの星と日章旗。二〇一一年三月二九日から一四日間、イスラエル軍が南三陸町ベイサイドアリーナで医療支援を行った。その後、二〇一三年一月二二日にイスラエルから写真のようなダビデの星と日章旗をデザインしたモニュメントが寄贈された（二〇二四年二月二〇日、筆者撮影）。


「南三陸〈感情島〉」

南三陸町公立志津川病院東棟。津波は病室の四階部分まで到達し、ベッドごと流された患者の姿も目撃されている（二〇一一年三月二九日、筆者撮影）。


「南三陸〈感情島〉——海と生きる」

宮城県気仙沼市小泉海岸に建設された巨大防潮堤。幅九〇メートル、高さ一四・七メートルで宮城県最大のバック堤。気仙沼市では強い反対運動が起き、市民が二〇〇回に及ぶ防潮堤勉強会を開催したが、建設は強行された（二〇一九年三月、関戸祥子氏撮影）。


「〈東北〉が、はじまりの場所になればいい」

南三陸町防災庁舎。震災遺構として遺すか、解体するかの激しい対立が町を二分したため、二〇三一年三月まで一時的に宮城県が保存することとなった（二〇一一年四月三日、筆者撮影）。

「ポスト3・11課題先進地から考える、もうひとつの社会構想」
南三陸町旧市街地。町の真ん中を流れる八幡川の両岸に防潮堤が建設され、さんさん商店街は一〇・七メートルの盛り土が施された。盛り土が仮置きされ、方墳のようになっていたころ（二〇一七年三月一七日、筆者撮影）。

「水俣を継承する〈東北〉へ」
水俣市袋の茂道漁港。背景には甘夏の段々畑が広がり、不知火海に出漁する船が整然と並んでいた（二〇一四年一月九日、筆者撮影）。

「《転生》するブドリ」
南三陸町戸倉地区の行山流水戸辺鹿子躍。例年八月一四日の早朝に地域の菩提寺である慈眼寺で奉納されている。写真奥のプレハブの場所にかつての慈眼寺本堂があったが津波で流出し、再建の目途はたっていない（二〇一八年八月一四日、筆者撮影）。

「生産ナショナリズム以後と《呪われた部分》」
南三陸町歌津伊里前。三陸沿岸部はホヤ、カキ、ホタテ、ワカメ（メカブ）などの養殖漁業が盛んである。震災直後は加工場を喪失したため、漁師たちは仮設の作業場で牡蠣殻の洗浄作業などを行っていた。学生を引率し、漁師の指導を受けながらお手伝い。左は歌津伊里前の漁師・千葉拓さん（二〇一四年三月一八日、筆者撮影）。

「精神の離散と祈り」
宮城県名取市閖上。更地にぽつねんと祭壇が備えてあった（二〇一三年一一月八日、筆者撮影）。

「苦海浄土と三月一一日の祈り」

不知火海の夕焼け（二〇一九年八月三〇日、筆者撮影）。

「自感する宇宙」

南三陸町入谷。二〇二三年春の田植えの様子（二〇二三年五月一四日、筆者撮影）。

「明日なき《世界》——つぎつぎとなりゆく犠牲」

二〇一五年のウクライナ・キーウの独立広場。この時すでに、新ロシア派とEU派の内戦は泥沼化していた。街中にEU派の犠牲者への花が手向けられていた（二〇一五年四月七日、筆者撮影）。

「東日本大震災から一〇年目　そして関東大震災から九八年目に」

秋田での朝鮮人徴用工犠牲者の慰霊式の様子。秋田県内の鉱山で犠牲となった朝鮮人の墓石を故野添憲治氏らが調査し、毎年慰霊祭が行われている。左は野添憲治さん（二〇一五年六月二〇日、筆者撮影）。

「共時的記憶の《世界》」

南部三閉伊一揆の〝小〇〟の旗。一八四七（弘化四）年と一八五三（嘉永六）年に三陸沿岸の人びとが起こした日本最大規模の百姓一揆。三陸の人びとは〝小〇（困る）の旗〟を掲げて、強訴した。田野畑村民俗資料館にて（二〇一九年三月一九日、筆者撮影）。

「女性視点から考える〈三陸世界〉」

南三陸町サンパギータのホームヘルパー二級合格伝達式。南三陸町内在住のフィリピン出身の女性たちが震災後、支援を受け日本語を学び、ホームヘルパー二級の資格試験に全員合格を果たした（二〇一二年四月二八日、筆者撮影）。

「〈三陸世界〉に生きるということを学ぶ」

南三陸杉の伐採作業。二〇一二年から南三陸町立志津川中学校での総合学習授業として「森里海連環学」を継続している。震災直後は、余震のたびに生徒のなかでフラッシュバックが起こることなどの報告をえていたことから、伐採作業、木工のほかに、子どもたちへのセラピー効果を考え、馬と触れ合う機会をつくることにした（二〇一八年一〇月四日、筆者撮影）。


「日本型複合差別‐試論――核をめぐるインターセクショナリティ」

大熊町中間貯蔵施設内。福島県内の除染土壌や放射能汚染された廃棄物を大熊町と双葉町の中間貯蔵施設に埋設する作業が行われている。福島第一原子力発電所の周囲一六キロ四方が現在埋設用地となっている（二〇二二年一二月一三日、筆者撮影）。


「無名の思想――森崎和江のさいはて」

韓国慶尚北道星州。ソソンリは人口一〇〇人程の村で、まくわ瓜の産地である。二〇一七年、韓国全土から反対する市民が集まるなか、米軍によってＴＨＡＡＤ（高高度防衛ミサイル）が写真正面の山の山頂に配備された。反対運動は現在も続いている（二〇一九年三月二日、筆者撮影）。


「水俣病事件一〇〇年目に、〈東北〉から」

青森県六ケ所村再処理工場は、二〇二四年一月時点で二七回目の完成延期となった。一九九三年に着工したが、三〇年以上完成延期が続いている（二〇一八年一〇月一五日、筆者撮影）。

初出一覧

はじめに　足元のジェノサイドを掘り起こすとき（書き下ろし）
南三陸〈感情島〉（『インパクション』一八〇号）
南三陸〈感情島〉――海と生きる（『インパクション』一八七号）
〈東北〉が、はじまりの場所になればいい（『世界』八二九号）
ポスト311課題先進地から考える、もうひとつの社会構想（『しんくみ』六一巻三号）
水俣を継承する〈東北〉へ（原題「水俣を継承する〈東北〉へ――もうひとつのこの世が、見えるだろうか。」『週刊金曜日』二二巻一三号）
《転生》するブドリ（『宮沢賢治――科学と祈りのこころ』北海道文学館）
生産ナショナリズム以後と《呪われた部分》（『現代思想』四六巻五号）
精神の離散と祈り（『世界』九〇六号）
苦海浄土と三月一一日の祈り（『現代思想』四六巻七号）
自感する宇宙（『青森 EARTH2019：いのち耕す場所　農業がひらくアートの未来』青森県立美術館）
明日なき《世界》――つぎつぎとなりゆく犠牲（『現代思想』四八巻五号）
東日本大震災からの一〇年目　そして、関東大震災から九八年目に（『現代思想』四九巻三号）
共時的記憶の《世界》（『現代詩手帖』六四巻三号）
女性視点から考える〈三陸世界〉（『Academia』一八一号）

＊　本書への収載に際して、適宜加筆・修正を施している。

〈三陸世界〉に生きるということを学ぶ（『月刊社会教育』六五巻七号）
日本型複合差別－試論――核をめぐるインターセクショナリティ（『現代思想』五〇巻五号）
無名の思想――森崎和江のさいはて（『現代思想』五〇巻一三号）
水俣病事件一〇〇年目に、〈東北〉から（『ごんずい』一七〇号、一般社団法人水俣病センター 相思社）
あとがき（書き下ろし）

山内明美（やまうち・あけみ）
1976年、宮城県南三陸町生まれ。宮城教育大学教育学部准教授。専攻は歴史社会学、社会思想史。著書に『こども東北学』（イースト・プレス）がある。共著に『「辺境」からはじまる——東京／東北論』（明石書店）、『岩波講座 現代 第4巻 グローバル化のなかの政治』、『ひとびとの精神史 第3巻　六〇年安保——1960年前後』（以上、岩波書店）、『忘却の野に春を想う』（白水社）などがある。

痛みの〈東北〉論

記憶が歴史に変わるとき

2024年3月30日　第1刷発行
2024年7月25日　第2刷発行

著者　山内明美

発行者　清水一人
発行所　青土社
東京都千代田区神田神保町1-29　市瀬ビル　〒101-0051
電話　03-3291-9831（編集）　03-3294-7829（営業）
振替　00190-7-192955

組版　フレックスアート
印刷・製本所　双文社印刷

装幀　國枝達也
カバー写真　志賀理江子
「海に雪がふる日、波打ち際には蛇の道があらわれる
その先を歩いてゆくと、もうここにはいない、近しいあの人たちに会える」
（北釜海岸 2021年12月28日）

Printed in Japan
ISBN 978-4-7917-7636-8